AF194005

Impressum
Verlag: BABADADA GmbH, Nedderfeld 112 , 22529 Hamburg
Geschäftsführer / Verlagsleitung: Harald Hof
Druck: Books on Demand GmbH, In de Tarpen 42, 22848 Norderstedt

Imprint
Publisher: BABADADA GmbH, Nedderfeld 112 , 22529 Hamburg, Germany
Managing Director / Publishing direction: Harald Hof
Print: Books on Demand GmbH, In de Tarpen 42, 22848 Norderstedt

ໂຮງຮຽນ
學校

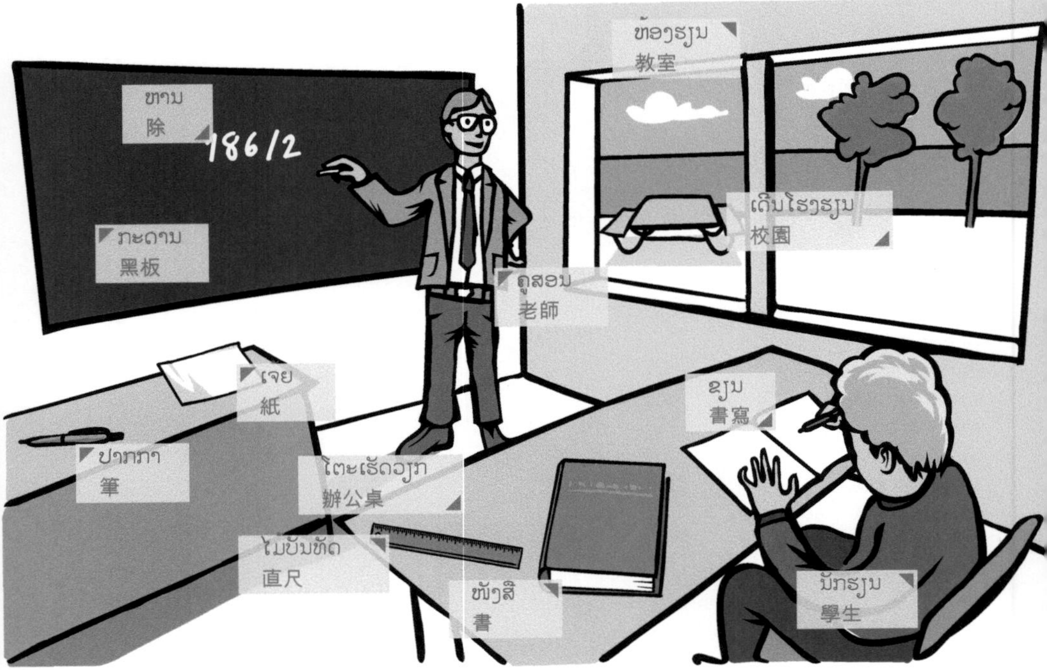
ຫ້ອງຮຽນ
教室
ຫານ
除
186/2
ກະດານ
黑板
ເດີ່ນໂຮງຮຽນ
校園
ຄູສອນ
老師
ເຈ້ຍ
紙
ຂຽນ
書寫
ປາກກາ
筆
ໂຕະເຮັດວຽກ
辦公桌
ໄມ້ບັນທັດ
直尺
ໜັງສື
書
ນັກຮຽນ
學生

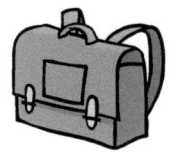

ກະເປົາໃສ່ປຶ້ມທີ່ມີສາຍພາຍ

書包

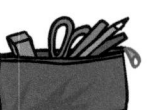

ກັບສໍດຳ

鉛筆盒

ສໍດຳ

鉛筆

ເຄື່ອງແຫຼມສໍ

削鉛筆機

ຢາງລຶບ

橡皮擦

ສະໝຸດແຕ້ມຮູບ

畫板

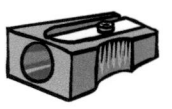

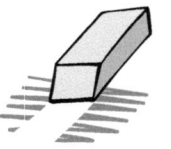

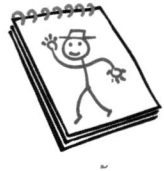

ພາບວາດ

圖畫

ແປງທາສີ

畫筆

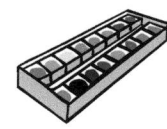

ກ່ອງສີ

顏料盒

ມິດຕັດ

剪刀

ກາວ

膠水

ປຶ້ມເຝິກຫັດ

練習冊

ວຽກບ້ານ

家庭作業

ຕົວເລກ

數字

ບວກ

加

ລົບ

減

ຄູນ

乘

ຄິດໄລ່

計算

ຕົວອັກສອນ

字母

ພະຍັນຊະນະ

字母表

ຄໍາສັບ

字

ຂໍ້ຄວາມ

課文

ອ່ານ

讀

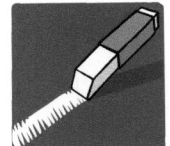

ສໍຂາວ

粉筆

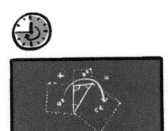

ບິດຮຽນ

上課

ລົງທະບຽນ

登記

ການສອບເສັງ

考試

ໃບຢັ້ງຢືນ

證書

ຊຸດນັກຮຽນ

校服

ການສຶກສາ

教育

ປຶ້ມຮວບຮວມຄວາມຮູ້ສາລະພັດ

百科全書

ມະຫາວິທະຍາໄລ

大學

ກ້ອງຈຸລະທັດ

顯微鏡

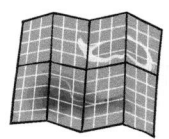

ແຜນທີ່

地圖

ກະຕ່າໃສ່ເສດເຈ້ຍ

廢紙簍

ໂຮງແຣມ
飯店

Grand

ໂຮສເຫລ
青年旅社

ROOMS

ບ່ອນແລກປ່ຽນເງິນຕາ
外幣兌換處

EXCHAN GE

ກະເປົາເດີນທາງ
手提箱

ລົດຍົນ
汽車

ພາສາ
語言

ແມ່ນ / ບໍ່ແມ່ນ
是/否

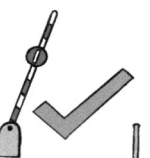

ຕົກລົງ
好的

ສະບາຍດີ
您好

ນັກແປພາສາ
翻譯人員

ຂອບໃຈ
謝謝

ລາຄາເທົ່າໃດ...?

......多少錢？

ຂ້ອຍບໍ່ເຂົ້າໃຈ

我不明白

ບັນຫາ

問題

ສະບາຍດີຕອນແລງ!

晚上好！

ສະບາຍດີຕອນເຊົ້າ!

早上好！

ລາຕິສະຫວັດ

晚安！

ລາກ່ອນ

再見

ທິດທາງ

方向

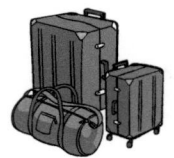

ກະເປົ໋າເດີນທາງ

行李

ກະເປົ໋າ

包

ກະເປົ໋າພາຍຫຼັງ

背包

ແຂກ

客人

ຫ້ອງ

房間

ຖິງໃສ່ເຄື່ອງນອນ

睡袋

ເຕັ້ນ

帳篷

ຂໍ້ມູນນັກທ່ອງທ່ຽວ

旅行資訊

ຊາຍຫາດ

海灘

ບັດເຄຣດິດ

信用卡

ອາຫານເຊົ້າ

早餐

ອາຫານທ່ຽງ

午餐

ອາຫານແລງ

晚餐

ປີ້

票

ລິຟ

電梯

ສະແຕມ

郵票

ພິມແດນ

邊界

ພາສີ

海關

ສະຖານທູດ

大使館

ວີຊາ

簽證

ໜັງສືຜ່ານແດນ

護照

ຂົນສົ່ງ

交通運送

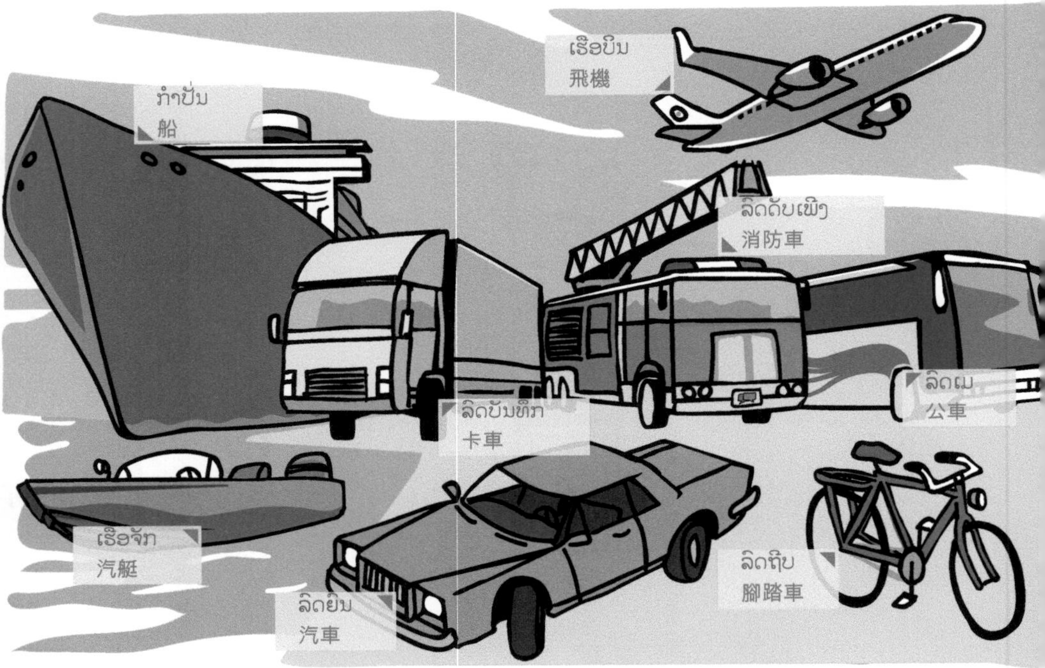
ເຮືອບິນ
飛機
ກຳປັ່ນ
船
ລົດດັບເພີງ
消防車
ລົດເມ
公車
ລົດບັນທຸກ
卡車
ເຮືອຈັກ
汽艇
ລົດຖີບ
腳踏車
ລົດຍົນ
汽車

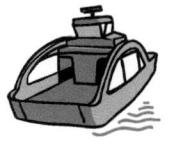

ເຮືອຂ້າມຟາກ

渡輪

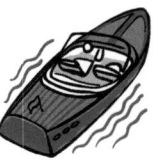

ເຮືອ

小船

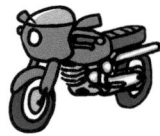

ລົດຈັກ

機車

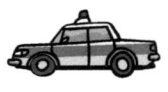

ລົດຕຳຫຼວດ

警車

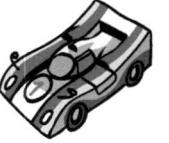

ລົດແຂ່ງ

賽車

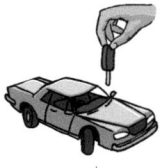

ລົດເຊົ່າ

租車

ການແບ່ງປັນກັນໃຊ້ລົດ

拼車

ລົດລາກ

拖車

ລົດຂົນຂີ້ເຫຍື້ອ

垃圾車

ເຄື່ອງຍົນ

馬達

ເຊື້ອໄຟ

汽油

ປ້ຳນ້ຳມັນ

加油站

ປ້າຍຈາລະຈອນ

交通標識

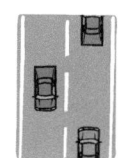

ການຈາລະຈອນ

交通

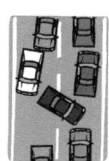

ການຈາລະຈອນຕິດຂັດ

交通堵塞

ບ່ອນຈອດລົດ

停車場

ສະຖານີລົດໄຟ

火車站

ລາງລົດໄຟ

軌道

ລົດໄຟ

火車

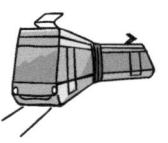

ລົດລາງ

路面電車

ຕູ້ລົດໄຟ

客車廂

ເຮລິຄອບເຕີ

直升機

ສະໜາມບິນ

機場

ຫໍຄອຍ

塔

ຜູ້ໂດຍສານ

乘客

ຕູ້ບັນຈຸສິນຄ້າ

集裝箱

ກ່ອງເຈ້ຍ

紙板箱

ກ່ວຽນ

手推車

ກະຕ່າ

籃子

ເຮືອບິນຂຶ້ນ / ເຮືອບິນລົງຈອດ

起飛/降落

ເມືອງ

城市

ບ້ານ

村莊

ໃຈກາງເມືອງ

市中心

ເຮືອນ

房子

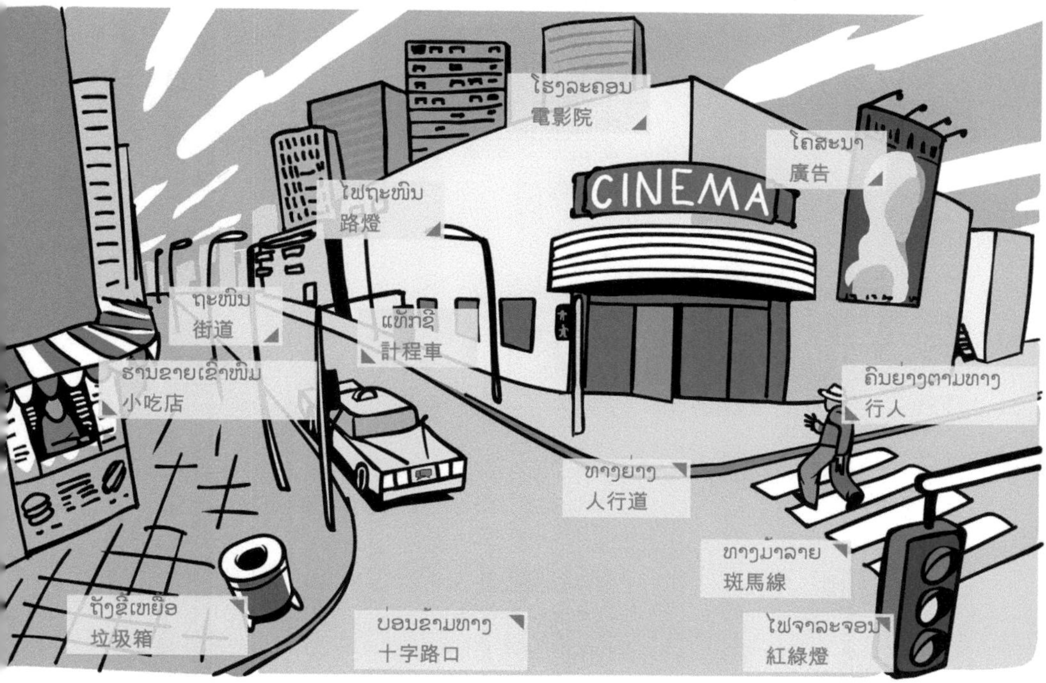
ໂຮງລະຄອນ
電影院
CINEMA
ໂຄສະນາ
廣告
ໄຟຖະໜົນ
路燈
ຖະໜົນ
街道
ແທັກຊີ
計程車
ຮ້ານຂາຍເຂົ້າໜົມ
小吃店
ຄົນຍ່າງຕາມທາງ
行人
ທາງຍ່າງ
人行道
ທາງມ້າລາຍ
斑馬線
ຖັງຂີ້ເຫຍື້ອ
垃圾箱
ບ່ອນຂ້າມທາງ
十字路口
ໄຟຈາລະຈອນ
紅綠燈

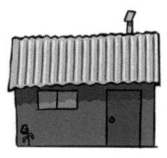

ຕູບ

小屋

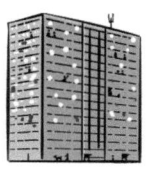

ແຟລດ

公寓

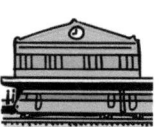

ສະຖານີລົດໄຟ

火車站

ໂຮງການເມືອງ

市政廳

MUSEUM

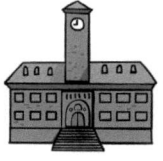

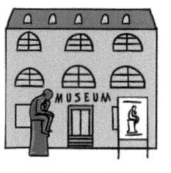

ຫໍພິພິດຕະພັນ

博物館

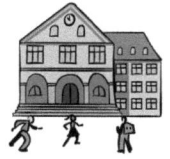

ໂຮງຮຽນ

學校

ມະຫາວິທະຍາໄລ

大學

ທະນາຄານ

銀行

ໂຮງໝໍ

醫院

ໂຮງແຮມ

飯店

ຮ້ານຂາຍຢາ

藥房

ຫ້ອງການ

辦公室

ຮ້ານຂາຍໜັງສື

書店

ຮ້ານຄ້າ

商店

ຮ້ານຂາຍດອກໄມ້

花店

ຊຸບເປີມາກເກັດ

超市

ຕະຫຼາດ

市場

ຫ້າງສັບພະສິນຄ້າ

百貨商店

ຮ້ານຂາຍປາ

魚店

ສູນການຄ້າ

購物中心

ທ່າເຮືອ

海港

ສວນສາທາລະນະ

公園

ແປ້ນມ້າ

長凳

ຂົວ

橋

ຂັ້ນໄດ

樓梯

ລົດໄຟໃຕ້ດິນ

捷運

ອຸໂມງ

隧道

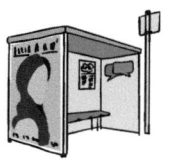

ປ້າຍລົດເມ

公車站

ຮ້ານຂາຍເຫຼົ້າ

酒吧

ຮ້ານອາຫານ

餐館

ຕູ້ໄປສະນີ

郵筒

ປ້າຍຊື່ຖະໜົນ

路標

ມິເຕີເກັບຄ່າຝາກລົດ

停車計時器

ສວນສັດ

動物園

ສະລອຍນ້ຳ

游泳池

ວັດມຸດສະລິມ

清真寺

ຟາມ

農場

ມົນລະພິດ

污染

ສຸສານ

墓地

ໂບດ

教堂

ເດີ່ນຫຼິ້ນຂອງເດັກນ້ອຍ

操場

ອັດມຸດສະລິມ

寺廟

ພູມິປະເທດ
地形

ໃບໄມ້
樹葉

ປ້າຍບອກທາງ
指示牌

ທາງ
路

ຫຍ້າທຍ່າ
草地

ກ້ອນຫີນ
石頭

ມັກເດີນທາງໄກດ້ວຍຄວາມຍາງ
徒步旅行者

ແມ່ນ້ຳ
河

ຕົ້ນໄມ້
樹

ຫຍ້າ
草

ດອກໄມ້
花

ຮ່ອມພູ

峽谷

ເນີນເຂົາ

丘陵

ທະເລສາບ

湖

ປ່າ

森林

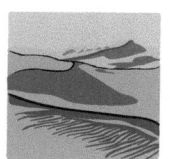

ທະເລຊາຍ

沙漠

ພູເຂົາໄຟ

火山

ທຳປະສາດ

城堡

ຮຸ້ງກິນນ້ຳ

彩虹

ເຫັດ

蘑菇

ຕົ້ນປາມ

棕櫚樹

ຍຸງ

蚊子

ແມງວັນ

蒼蠅

ມົດ

螞蟻

ເຜິ້ງ

蜜蜂

ແມງມຸມ

蜘蛛

ແມງປີກແຂງ

甲蟲

ກົບ

青蛙

ກະຮອກ

松鼠

ເໝັ້ນ

刺蝟

ກະຕ່າຍປ່າ

野兔

ນົກເຄົ້າ

貓頭鷹

ນົກ

鳥

ຫົງ

天鵝

ໝູປ່າຕົວຜູ້

野豬

ກວາງ

鹿

ກວາງໃຫຍ່

麋鹿

ເຂື່ອນ

水壩

ພາກຍົນ

風力發電機

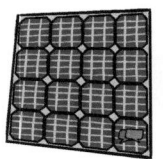

ແຜງໂຊລາເຊລ

太陽能電池板

ສະພາບອາກາດ

氣候

ຮ້ານອາຫານ
餐館

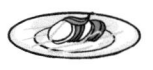

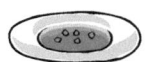

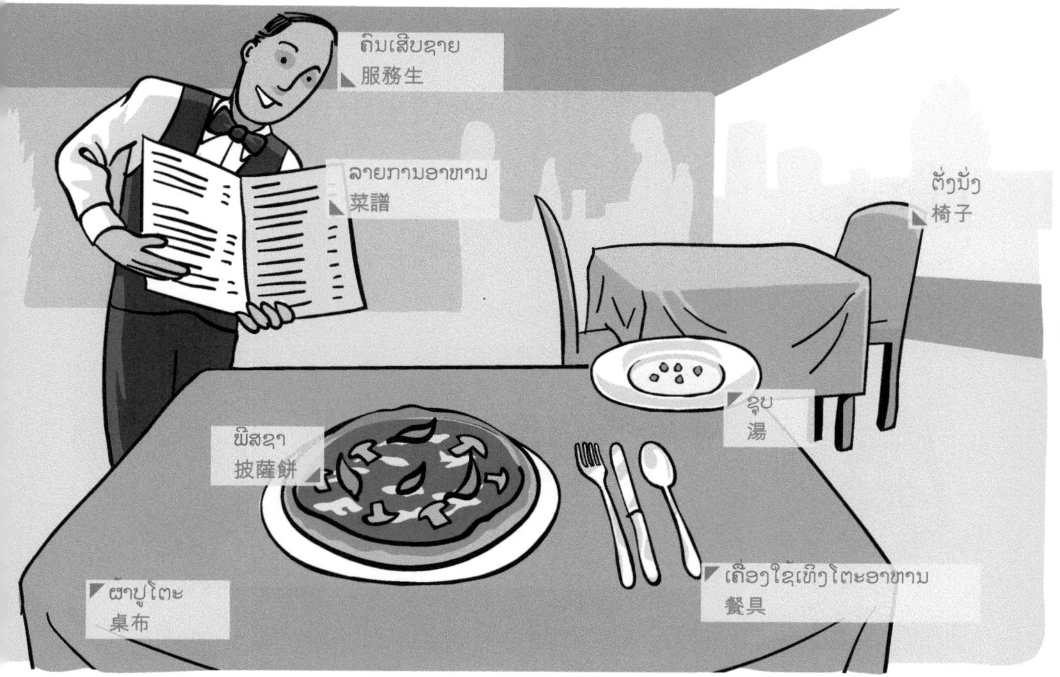
ຄົນເສີບຊາຍ
服務生
ລາຍການອາຫານ
菜譜
ຕັ່ງນັ່ງ
椅子
ຊຸບ
湯
ພິສຊາ
披薩餅
ຜ້າປູໂຕະ
桌布
ເຄື່ອງໃຊ້ເທິງໂຕະອາຫານ
餐具

ອາຫານເລີ່ມຕົ້ນ

前菜

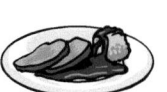

ອາຫານຈານຫຼັກ

主菜

ຂອງຫວານ

甜點

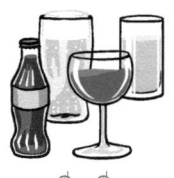

ເຄື່ອງດື່ມ

飲料

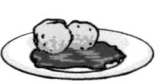

ອາຫານ

食物

ຂວດແກ້ວ

瓶子

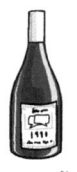

ອາຫານຈານດ່ວນ

速食

ຮ້ານຂ້າງທາງ

街邊小吃

ເຕົ້ານ້ຳຊາ

茶壺

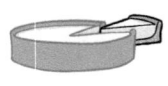

ຖ້ວຍນ້ຳຕານ

糖盒

ສ່ວນແບ່ງອາຫານສຳລັບທີ່ງຄົນ

一份飯菜

ເຄື່ອງຊົງກາເຟເອສເປຣສໂຊ

義式咖啡機

ເກົ້າອີ້ສູງ

高腳椅

ໃບເກັບເງິນ

帳單

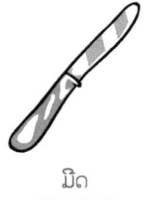

ຖາດ

托盤

ມີດ

刀

ສ້ອມ

餐叉

ບ່ວງ

勺子

ຊ້ອນຊາ

茶匙

ຜ້າເຊັດປາກຢູ່ໂຕະອາຫານ

餐巾

ຈອກແກ້ວ

玻璃杯

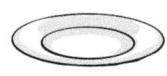

ຈານ
碟子

ຈານຊຸບ
湯盤

ຈານຮອງ
碟子

ຊອສ
醬

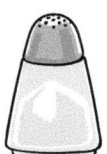

ກະປຸກເກືອ
鹽瓶

ກະປຸກພິກໄທ
胡椒研磨罐

ນ້ຳສົ້ມສາຍຊູ
醋

ນ້ຳມັນພືດ
食用油

ເຄື່ອງເທດ
調味料

ຊອສໝາກເດັ່ນ
番茄醬

ຜັກຈ້ຳພອກຜັກກາດ
芥末

ມາຍອບເນສ
美乃滋

ຊູບເປີມາກເກັດ
超市

ຂໍ້ສະເໜີພິເສດ
特價
FOR
ລູກຄ້າ
顧客
ຜະລິດຕະພັນທີ່ເຮັດຈາກນົມ
乳製品
ໝາກໄມ້
水果
ລົດຊຸກ
購物車

BUTCHERS

ຮ້ານຂາຍຊີ້ນ

肉鋪

BAKERY

ຮ້ານຂາຍເຂົ້າໜົມປັງ

麵包店

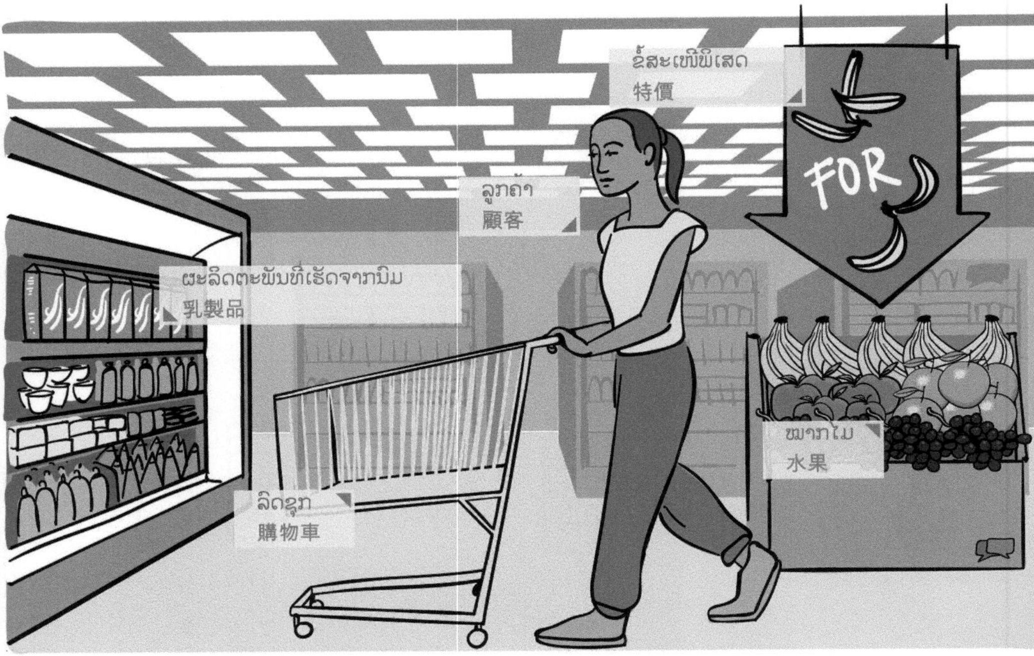

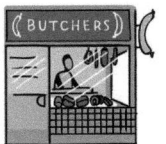

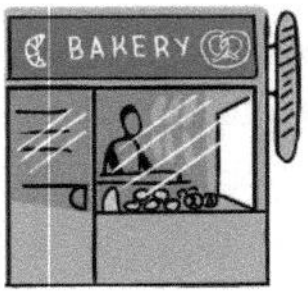

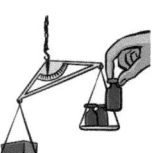

ຊັ່ງນ້ຳໜັກ

稱重

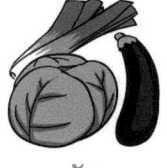

ຜັກ

蔬菜

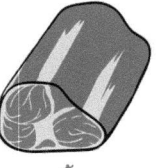

ຊີ້ນ

肉

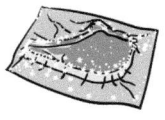

ອາຫານແຊ່ແຂງ

冷凍食品

ຊີ້ນເຢັນ

冷盤

ອາຫານກະປ໋ອງ

罐頭食品

ແຟັບຊັກເຄື່ອງ

洗衣粉

ເຂົ້າໜົມຂອງຫວານ

甜食

ຜະລິດຕະພັນໃນຄົວເຮືອນ

日用品

ຜະລິດຕະພັນທຳຄວາມສະອາດ

清潔用品

ພະນັກງານຂາຍຍ່ອຍ

銷售員

ເຄື່ອງຄິດເງິນ

收銀機

ພະນັກງານເກັບລິດ

收銀員

ລາຍການຊື້ເຄື່ອງ

購物清單

ເວລາເປີດເຮັດວຽກ

開放時間

ກະເປົາເງິນ

錢包

ບັດເຄຣດິດ

信用卡

ຖົງ

袋子

ຖົງຢາງ

塑膠袋

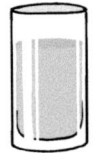

ນ້ຳ

水

ນ້ຳໝາກໄມ້

果汁

ນົມ

牛奶

ໂຄກ

可樂

ວາຍ

紅酒

ເບຍ

啤酒

ເຫຼົ້າ

酒

ໂກໂກ້

可可

ຊາ

茶

ກາເຟ

咖啡

ເອສເປຣສໂຊ

義式濃縮咖啡

ກາປູຊີໂນ

卡布奇諾

ໝາກກ້ວຍ

香蕉

ແອັບເປິ້ມ

蘋果

ໝາກກ້ຽງ

柳丁

ໝາກໂມ

西瓜

ໝາກນາວ

檸檬

ກິ່ວກະຮິດ

胡蘿蔔

ຜັກຫົມ

大蒜

ຕົ້ນໄຜ່

竹子

ຫອມບົ່ວ

洋蔥

ເຫັດ

蘑菇

ຖົ່ວ

堅果

ເສັ້ນໝີ່

麵條

ສະປາແກັດຕີ້

義大利麵

ເຂົ້າ

米飯

ສະຫຼັດ

沙拉

ມັນຝຣັ່ງທອດ

薯條

ມັນຝຣັ່ງທອດ

炸馬鈴薯

ພິສຊາ

披薩餅

ແຮມເບີເກີ້

漢堡

ແຊນວິດຈ໌

三明治

ຊີ້ນຕິດກະດູກ

炸豬排

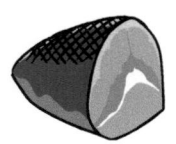

ແຮມ

火腿

ໄສ້ກອກແຫ້ງຊາລາມິ

義大利臘腸

ໄສ້ກອກ

香腸

ໄກ່

雞肉

ຍ້າງ

烤肉

ປາ

魚

ເຂົ້າປຸກເຂົ້າໂອດ

燕麥片

ອາຫານຊະນິດເປັນເມັດກອບ

木斯里

ເຂົ້າຍວບເປັນປ່ຽນນ້ອຍໆ

玉米片

ເຂົ້າແປ້ງ

麵粉

ເຂົ້າຈີ່ຊະນິດຂຶ້ງມີຮູບເຄິ່ງເຄ່ງ
ໜວຍ

牛角麵包

ເຂົ້າໜົມປັງແບບນ້ອນ

麵包捲

ເຂົ້າໜົມປັງ

麵包

ເຂົ້າໜົມປັງປິ້ງ

吐司

ເຂົ້າໜົມປັງຊະນິດກ້ອນນ້ອຍ

餅乾

ເນີຍ

奶油

ນ້ຳນົມແຂ້ນ

凝乳

ເຄກ

蛋糕

ໄຂ່

蛋

ໄຂ່ດາວ

煎蛋

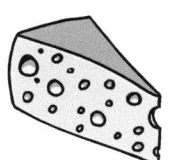

ເນີຍແຂງ

起司

ກະແລ້ມ

冰淇淋

ນ້ຳຕານ

糖

ນ້ຳເຜິ້ງ

蜂蜜

ແຍມ

果醬

ຊ້ອກໂກແລັດຄຣີມສະເປຣດ

巧克力醬

ກະລີ່

咖哩

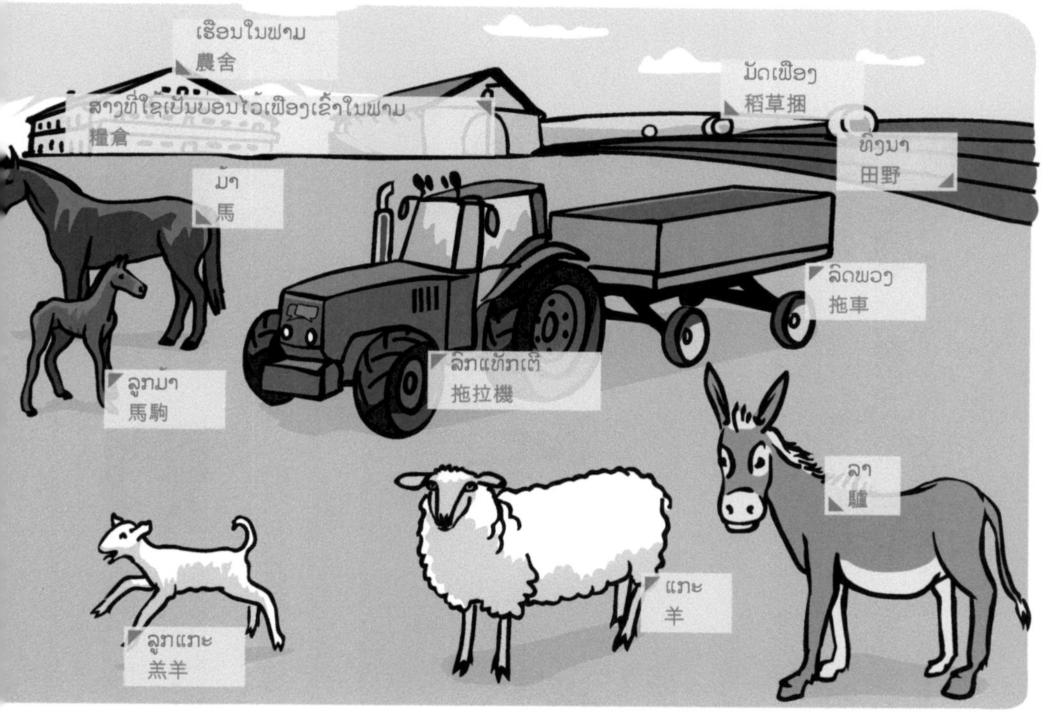

ເຮືອນໃນຟາມ
農舍

ລາງທີ່ໃຊ້ເປັນບ່ອນໄວ້ເພື່ອງເຂົ້າໃນຟາມ
糧倉

ມ້າ
馬

ລູກມ້າ
馬駒

ມັດເຟືອງ
稻草捆

ທົ່ງນາ
田野

ລົດພ່ວງ
拖車

ລົກແທ໋ກເຕີ້
拖拉機

ລາ
驢

ແກະ
羊

ລູກແກະ
羔羊

ແກະ
山羊

ງົວຕົວແມ່
奶牛

ລູກງົວ
小牛

ໝູ
豬

ລູກໝູ
小豬

ງົວຕົວຜູ້
公牛

ຫ່ານ

鵝

ເປັດ

鴨

ລູກໄກ່

小雞

ແມ່ໄກ່

母雞

ໄກ່ຜູ້

公雞

ຫນູ

鼠

ແມວ

貓

ຫນູ

老鼠

ງົວຕົວຜູ້

牛

ຫມາ

狗

ເຮືອນຫມາ

狗屋

ສາຍທໍ່ຍາງໆທີ່ໃຊ້ໃນສວນ

花園澆水軟管

ຖັງຫົດຕົ້ນໄມ້

澆水壺

ກຽວດ້າມຍາວ

長柄大鐮刀

ຄັນໄຖ

犁

ກ່ຽວ

鐮刀

ຈິກ

鋤頭

ຄາດ

長柄草耙

ຂວານ

斧頭

ລົດຍູ້ລໍ້ດຽວ

獨輪手推車

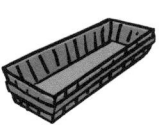

ທາງລິນ

飼料槽

ບ່ອງນົມ

牛奶罐

ກະສອບ

麻布袋

ຮົ້ວ

柵欄

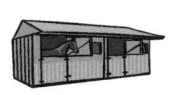

ຄອກມ້າ

馬廄

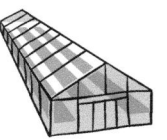

ເຮືອນກະຈົກ

溫室

ດິນ

土壤

ແກ່ນ

種子

ຝຸ່ຍ

肥料

ເຄື່ອງກ່ຽວເຂົ້າ

聯合收割機

ເກັບກ່ຽວ

收割

ການເກັບກ່ຽວ

收割

ເຜືອກ

地瓜

ເຂົ້າສາລີ

小麥

ຖົ່ວເຫຼືອງ

大豆

ມັນຝັ່ງ

土豆

ເຂົ້າໂພດ

玉米

ດອກເຣພຊິດ

油菜籽

ຕົ້ນໄມ້ທີ່ອອກໝາກ

果樹

ມັນຕົ້ນ

樹薯

ພືດຊະນິດເມັດ

穀物

ເຮືອນ

房子

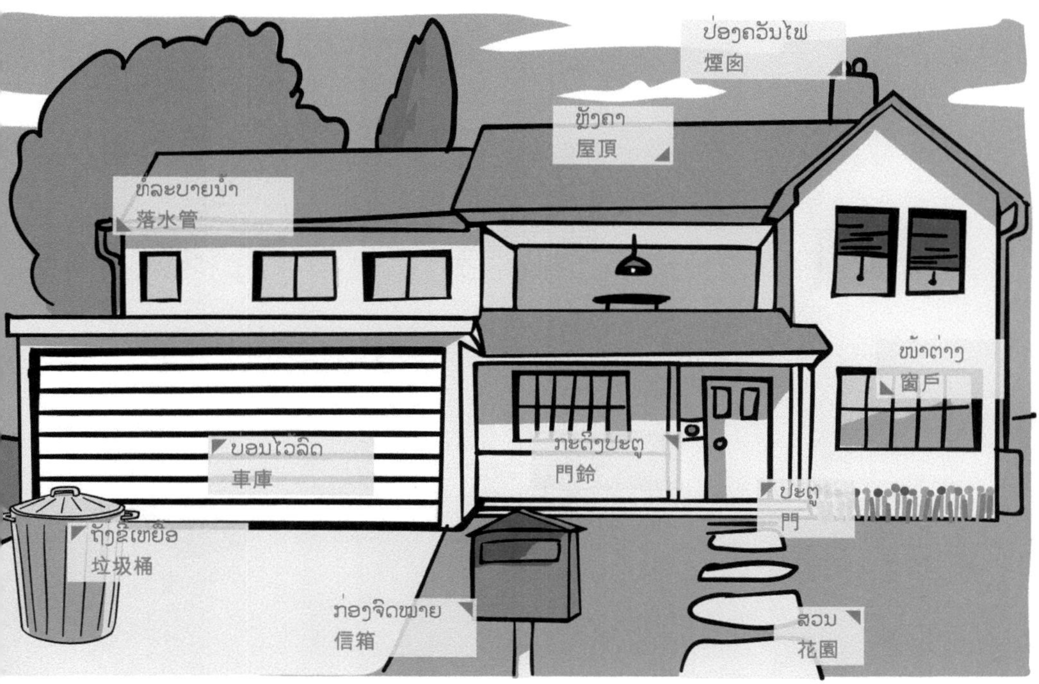

ປ່ອງຄວັນໄຟ
煙囪
ຫຼັງຄາ
屋頂
ທໍ່ລະບາຍນ້ຳ
落水管
ໜ້າຕ່າງ
窗戶
ບ່ອນໄວ້ລົດ
車庫
ກະດິ່ງປະຕູ
門鈴
ປະຕູ
門
ຖັງຂີ້ເຫຍື້ອ
垃圾桶
ກ່ອງຈົດໝາຍ
信箱
ສວນ
花園

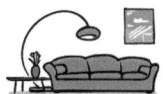

ຫ້ອງຮັບແຂກ

客廳

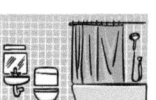

ຫ້ອງນ້ຳ

浴室

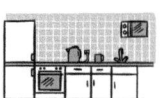

ຫ້ອງຄົວ

廚房

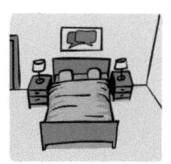

ຫ້ອງນອນ

臥室

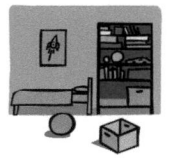

ຫ້ອງພັກສຳລັບເດັກນ້ອຍ

兒童房

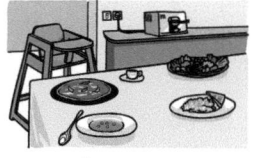

ຫ້ອງອາຫານ

餐廳

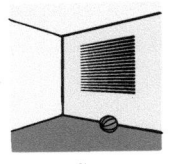

ພື້ນ

地板

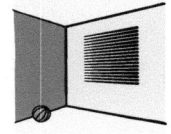

ຝາຜະໜັງ

牆壁

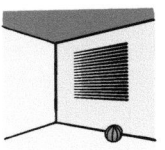

ເພດານ

天花板

ຫ້ອງເກັບເຄື່ອງໃຕ້ດິນ

地窖

ຫ້ອງອົບອາຍນ້ຳ

三溫暖

ລະບຽງ

陽臺

ຊຸ້ນຕາມຂ້າງພູ

露臺

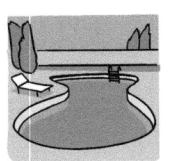

ສະລອຍນ້ຳ

游泳池

ເຄື່ອງຕັດຫຍ້າ

割草機

ຜ້າປູບ່ອນນອນ

被單

ຜ້າປູຕຽງ

床罩

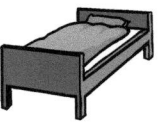

ຕຽງ

床

ຟອຍ

掃帚

ຖຸ

水桶

ສະວິດ

開關

ຫອງຮັບແຂກ

客廳

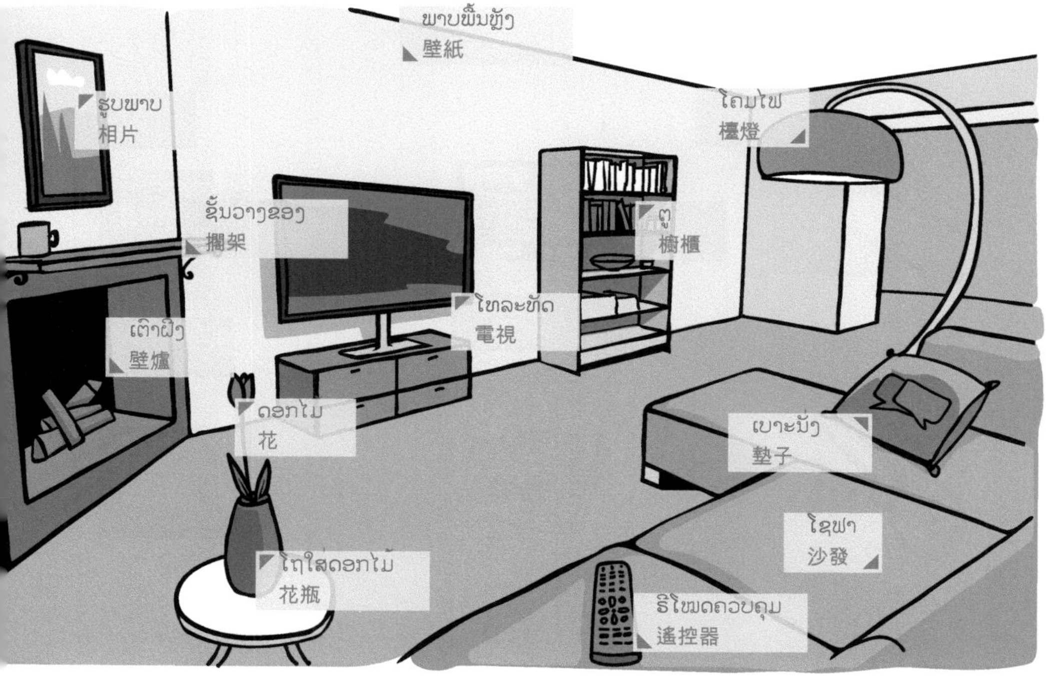

ພາບພື້ນຫຼັງ
壁紙
ຮູບພາບ
相片
ໂຄມໄຟ
檯燈
ຊັ້ນວາງຂອງ
擱架
ຕູ້
櫥櫃
ໂທລະທັດ
電視
ເຕົາຜີງ
壁爐
ດອກໄມ
花
ເບາະນັ່ງ
墊子
ໂຊຟາ
沙發
ໂຖໃສ່ດອກໄມ້
花瓶
ຣີໂໝດຄວບຄຸມ
遙控器

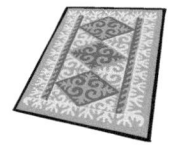

ພົມປູພື້ນ

地毯

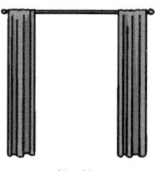

ຜ້າກັ້ງ

窗簾

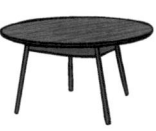

ໂຕະ

餐桌

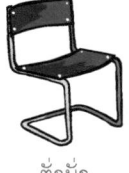

ຕັ່ງນັ່ງ

椅子

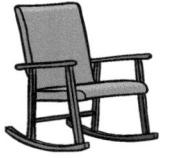

ຕັ່ງນັ່ງແບບໂຍກໄດ້

搖椅

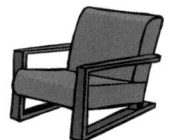

ຕັ່ງນັ່ງທີ່ມີບ່ອນວາງແຂນ

扶手椅

ໜັງສື

書

ຜ້າຫົ່ມ

毯子

ຂອງຕົກແຕ່ງ

裝飾品

ຟືນ

木柴

ຮູບເງົາ

電影

ເຄື່ອງສຽງລະບົບໄຮໄຟ

高傳真音響

ກະແຈ

鑰匙

ໜັງສືພິມ

報紙

ການແຕ້ມຮູບ

油畫

ໂປສເຕີ

海報

ວິທະຍຸ

收音機

ແຜ່ນບັນທຶກ

筆記本

ເຄື່ອງດູດຝຸ່ນ

吸塵器

ຕົ້ມກະບອງເພັດ

仙人掌

ທຽນໄຂ

蠟燭

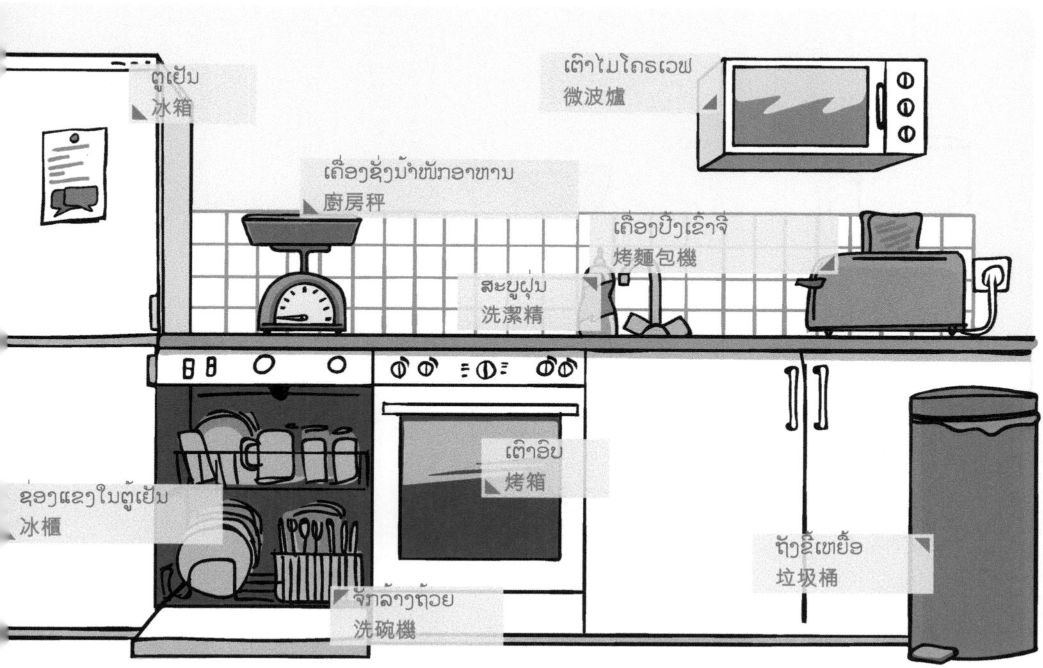

ຕູ້ເຢັນ
冰箱

ເຕົາໄມໂຄຣເອຟ
微波爐

ເຄື່ອງຊັ່ງນ້ຳໜັກອາຫານ
廚房秤

ເຄື່ອງປີ້ງເຂົ້າຈີ່
烤麵包機

ສະບູຝຸ່ນ
洗潔精

ຊ່ອງແຊ່ໃນຕູ້ເຢັນ
冰櫃

ເຕົາອົບ
烤箱

ຖັງຂີ້ເຫຍື້ອ
垃圾桶

ຈັກລ້າງຖ້ວຍ
洗碗機

ໝໍ້ຕົ້ມ
炊具

ໝໍ້
鍋

ໝໍ້ເຫຼັກາຫຼ່
鑄鐵鍋

ໝໍ້ກະທະຈືນ
炒鍋

ໝໍກະທະກົ້ນແບນ
平底鍋

ກາຕົ້ມນ້ຳ
水壺

ໝໍ້ໄອນ້ຳ

蒸鍋

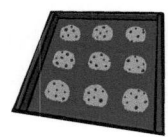

ຖາດອົບ

烤盤

ເຄື່ອງຖ້ວຍຊາມ

陶瓷鍋

ຈອກກາເຟ

馬克杯

ຖ້ວຍ

碗

ໄມ້ທູ່

筷子

ຈອງດ້າມຍາວ

長柄勺

ຕະຫຼິວ

鏟子

ເຄື່ອງຕີໄຂ່

攪拌器

ກະຊອນ

濾網

ເຄື່ອງຮ່ອນ

篩子

ເຜົ້າກຂູດ

磨碎機

ຄົກ

研缽

ບາບີຄິວ

燒烤

ແຄມໄຟຖາງອອນ

明火

ຂຽງ

菜板

ໄມ້ບົດແປ້ງ

擀麵杖

ເຝົ້າໄຂດອນແກ້ວ

開瓶器

ກະປ໋ອງ

罐子

ເຄື່ອງເປີດກະປ໋ອງ

開罐器

ຖົງມືຈັບຂອງຮ້ອນ

隔熱手套

ອ່າງລ້າງຈານ

水槽

ແປງ

刷子

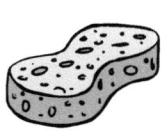

ຟອງນ້ຳ

海綿

ເຄື່ອງປັ່ນ

攪拌機

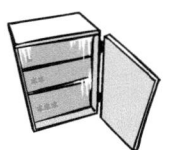

ຕູ້ແຊ່ແຂງ

冷藏箱

ຂວດນົມ

奶瓶

ກ໊ອກນ້ຳ

水龍頭

ຫ້ອງນ້ຳ

浴室

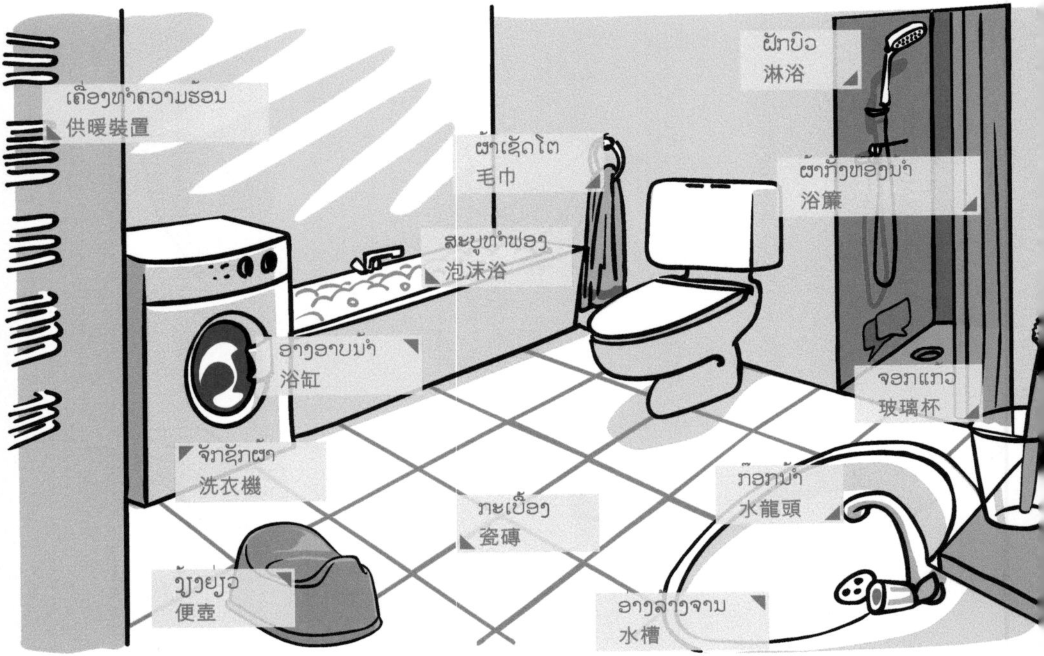
ເຄື່ອງທຳຄວາມຮ້ອນ
供暖装置
ຝັກບົວ
淋浴
ຜ້າເຊັດໂຕ
毛巾
ຜ້າກັ້ງຫ້ອງນ້ຳ
浴簾
ສະບູທຳຟອງ
泡沫浴
ອ່າງອາບນ້ຳ
浴缸
ຈອກແກ້ວ
玻璃杯
ຈັກຊັກຜ້າ
洗衣機
ກ໊ອກນ້ຳ
水龍頭
ກະເບື້ອງ
瓷磚
ຖັງຍ່ຽວ
便壺
ອ່າງລ້າງຈານ
水槽

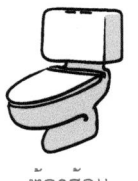

ຫ້ອງສ້ວມ

廁所

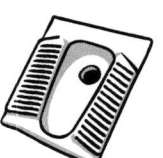

ໂຖສ້ວມແບບນັ່ງຍອງ

蹲便器

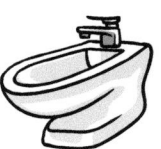

ໂຖຍ່ຽວຂອງຜູ້ຍິງ

坐浴器

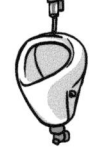

ໂຖຍ່ຽວຂອງຜູ້ຊາຍ

小便斗

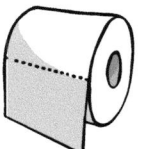

ກະດາດຊຳລະທີ່ໃຊ້ໃນຫ້ອງນ້ຳ

廁紙

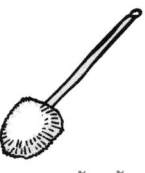

ແປງຂັດຫ້ອງນ້ຳ

馬桶刷

ແປງສີຟັນ

牙刷

ຢາສີຟັນ

牙膏

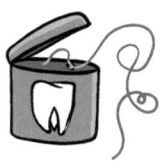

ໄໝຂັດແຂ້ວ

牙線

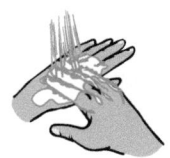

ລ້າງ

洗

ຝັກບົວອາບນ້ຳທີ່ໃຊ້ມືຈັບ

手持式蓮蓬頭

ເຄື່ອງສີດລ້າງ

沖洗器

ອ່າງລ້າງໜ້າ

洗臉盆

ແປງຖູຫົວ

洗背刷

ສະບູ

肥皂

ເຈລອາບນ້ຳ

沐浴露

ແຊມພູ

洗髮乳

ຜ້າຖູໂຕນ້ອຍ

法蘭絨

ທີ່ລະບາຍນ້ຳເສຍ

排水

ຄີມ

乳霜

ຢາດັບກິ່ນ

除臭劑

ແອ່ນແຍງ

鏡子

ແອ່ນມືຖື

手鏡

ມີດແຖຫນວດ

刮鬍刀

ໂຟມແຖຫນວດ

刮鬍泡沫

ໂລຊັ່ນບຳລຸງຜິວຫຼັງແຖຫນວດ

鬍後水

ຫວີ

梳子

ແປງ

刷子

ຈັກເປົ່າຜິມ

吹風機

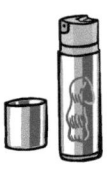

ສະເປຂີດຜິມ

噴髮定型劑

ຊຸດເຄື່ອງສຳອາງ

化妝品

ລິບສະຕິກທາສົບ

唇膏

ນ້ຳຢາທາເລັບ

指甲油

ສຳລີ

化妝棉

ມີດຕັດເລັບ

指甲剪

ນ້ຳຫອມ

香水

ກະເປົ໋າອາບນ້ຳ

洗漱包

ຕັ່ງສາມຂາ

凳子

ເຄື່ອງຊັ່ງນ້ຳໜັກ

計重秤

ເສື້ອຄຸມອາບນ້ຳ

浴袍

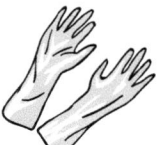

ຖົງມືຢາງ

橡膠手套

ຜ້າອະນາໄມແບບສອດ

衛生棉條

ຜ້າອະນາໄມ

衛生棉

ຫ້ອງນ້ຳເຄມີ

化學廁所

ຫອງພັກສຳລັບເດັກນອຍ

兒童房

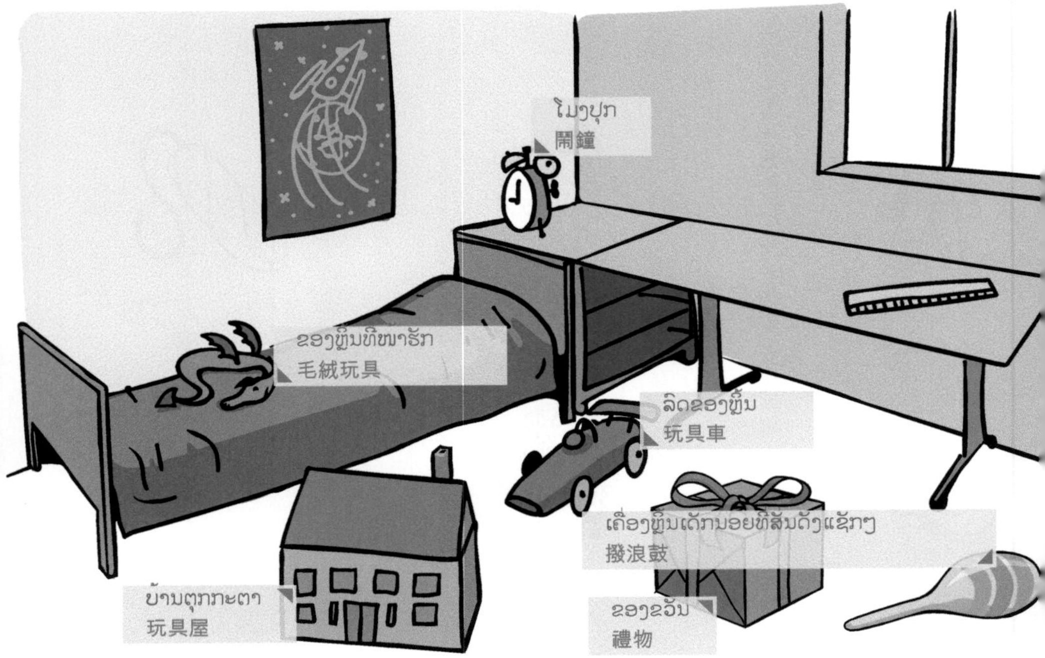
ໂມງປຸກ
鬧鐘
ຂອງຫຼິ້ນທີໜ້າຮັກ
毛絨玩具
ລົດຂອງຫຼິ້ນ
玩具車
ເຄື່ອງຫຼິ້ນເດັກນອຍທີສັ່ນດັງແຊັກໆ
撥浪鼓
ບ້ານຕຸກກະຕາ
玩具屋
ຂອງຂວັນ
禮物

ໝາກປຸມເປົ້າ

氣球

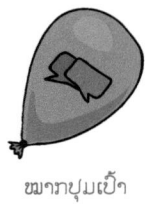

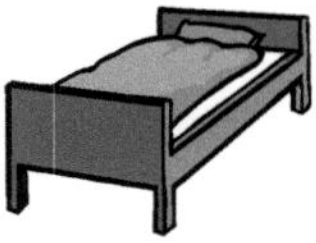

ຕຽງ

床

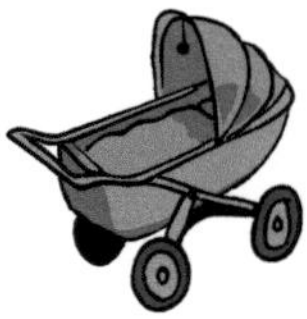

ລົດຍູ້ເດັກ

嬰兒車

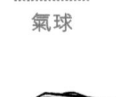

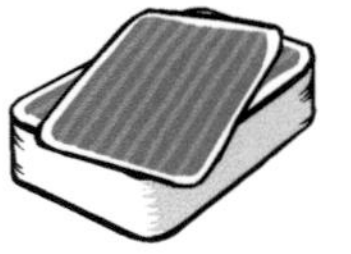

ຊຸມໄພ້

撲克牌

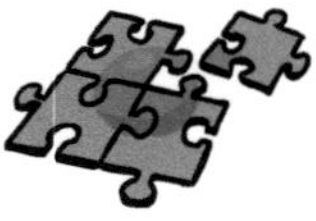

ຈິກຊໍ

拼圖

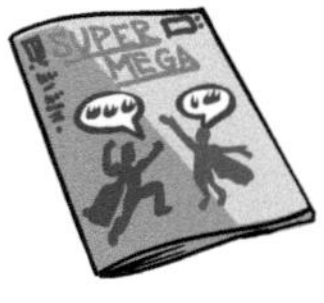
SUPER
MEGA

ໜັງສືກາຕູນ

漫畫

ຕົວຕໍ່ເລໂກ້

樂高積木

ບລ໋ອກຂອງຫຼິ້ນ

積木玩具

ຮູບປັ້ນທີ່ເຄື່ອນໄຫວໄດ້

公仔

ເສື້ອຜ້າເດັກເກີດໃໝ່

嬰兒服

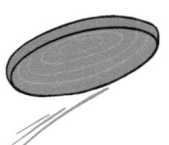

ຈານບິນ

飛盤

ສິ່ງທີ່ແຂວງໄປມາແຂນຢູ່ເທິງທິດ
ຫ່ງເດັກນ້ອຍ

床鈴玩具

ເກມກະດານ

棋盤遊戲

ໝາກກະລ໋ອກ

骰子

ຊຸດລົດໄຟຈຳລອງ

火車模型

ຮູບຫຸ່ມ

安撫奶嘴

ງານລ້ຽງ

派對

ໜັງສືພາບ

繪本

ໝາກບານ

球

ຕຸກກະຕາ

洋娃娃

ຫຼິ້ນ

玩

ຂຸມດິນຊາຍສຳລັບເດັກນ້ອຍຫຼິ້ນ

沙坑

ຊິງຜ້າ

鞦韆

ຂອງຫຼິ້ນ

玩具

ເຄື່ອງຫຼິ້ນວິດີໂອເກມ

電玩遊戲

ລົດຖີບສາມລໍ້

三輪車

ຕຸກກະຕາໝີ

泰迪熊

ຕູ້ເສື້ອຜ້າ

衣櫃

ລຸງຕີນເກີບ

襪子

ຖົງເກີບຍາວຜູ້ຍິງ

長襪

ໂສ້ງຢືດແບບເບື້ອ

緊身褲

ເຕີບຮ້ຽງດຄາມ
涼鞋

ເຕີບ
鞋

ເຕີບບູດທ່ຍາງ
雨靴

ໂສ້ງຊ້ອມໃນ
內褲

ເສື້ອຊ້ອມໃນ
胸罩

ເສື້ອມກ້າມ
背心

ເສື້ອຜ້າ - 衣服　　　45

ເສື້ອຮັດທຸ່ນ

身體

ໂສ້ງຂາຍາວ

褲子

ໂສ້ງຍິບ

牛仔褲

ກະໂປ່ງ

短裙

ເສື້ອຜູ້ຍິງ

女式襯衫

ເສື້ອເຊິດ

襯衫

ເສື້ອກັນຂນາວ

套頭衫

ເສື້ອຖຸມມີໝວກ

連帽上衣

ເສື້ອໃໝຍ່ທີ່ຕິດກາໂຮງຮຽນພົກກາທິມກິລາ

西裝夾克

ເສື້ອແຈັກເກັດ

夾克

ເສື້ອນອກ

外套

ເສື້ອກັນຝົນ

雨衣

ເຄື່ອງແຕ່ງກາຍ

套裝

ກະໂປ່ງ

連衣裙

ຊຸດແຕ່ງງານ

婚紗

ເສື້ອສູດ

西裝

ຊຸດລາຕິ

睡袍

ຊຸດນອນ

睡衣

ຊຸດຊາຣິ

莎麗

ຜ້າຄຸມຫົວ

頭巾

ຜ້າພັນຫົວ

包頭巾

ເສື້ອບຸຣຸເຄາະ

波卡

ເສື້ອຄຸມຄາຟຕານ

卡夫坦

ເສື້ອຄຸມອາບາຢາ

(阿拉伯式)長袍

ຊຸດລອຍນ້ຳ

泳衣

ໂສ້ງໃສ່ລອຍນ້ຳ

男式泳褲

ໂສ້ງຂາສັ້ນ

短褲

ຊຸດອອມ

運動服

ຜ້າກັນເປື້ອນ

圍裙

ຖົງມື

手套

ກະດຸມ

鈕扣

ແອ່ນຕາ

眼鏡

ປອກແຂນ

手鏈

ສ້ອຍຄໍ

項鍊

ແຫວນ

戒指

ຕຸ້ມຫູ

耳環

ໝວກແກ໊ບ

便帽

ກົງແຂວນເສື້ອນອກ

衣架

ໝວກ

帽子

ກາລະຫວັດ

領帶

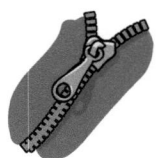

ຊິບ

拉鍊

ໝວກກັນກະທົບ

安全帽

ສາຍໂຍງໂສ້ງ

背帶

ຊຸດນັກຮຽນ

校服

ເຄື່ອງແບບ

制服

ເສື້ອຜ້າ - 衣服

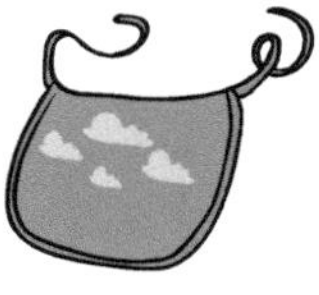

ຜ້າກັນເປື້ອນເດັກ

圍兜

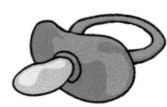

ຮູບທຸ່ນ

安撫奶嘴

ຜ້າອ້ອມ

尿布

ຫອງການ

辦公室

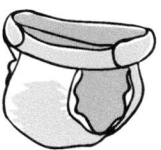

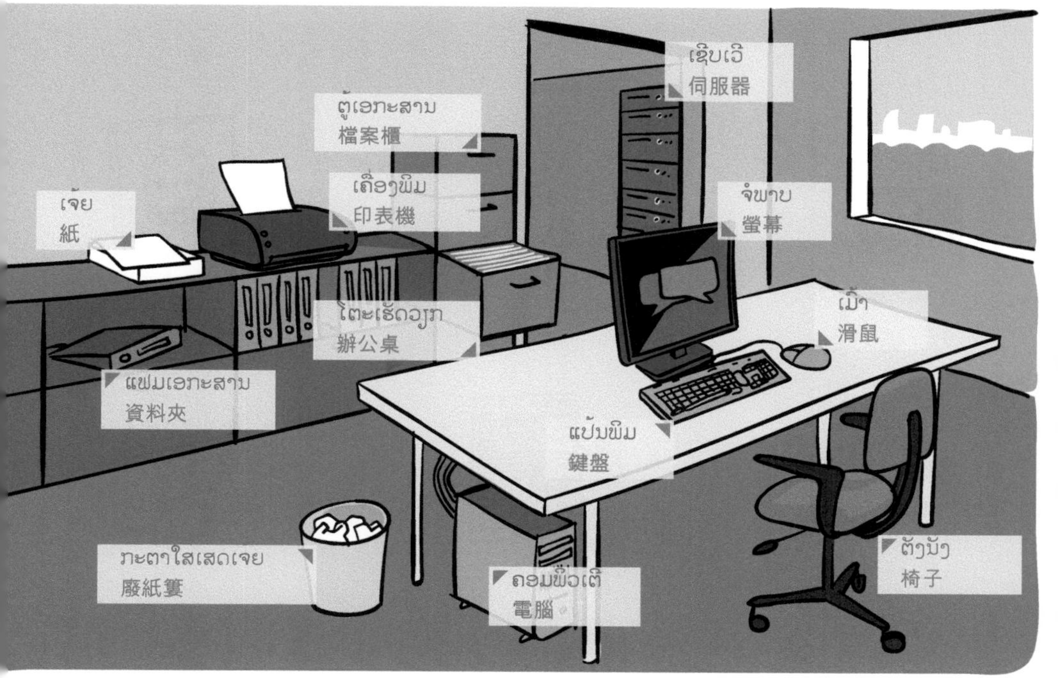

ເຊີບເວີ
伺服器
ຕູ້ເອກະສານ
檔案櫃
ເຄື່ອງພິມ
印表機
ເຈ້ຍ
紙
ຈໍພາບ
螢幕
ໂຕະເຮັດວຽກ
辦公桌
ເມົ້າ
滑鼠
ແຟ້ມເອກະສານ
資料夾
ແປ້ນພິມ
鍵盤
ກະຕາໃສ່ເສດເຈ້ຍ
廢紙簍
ຕັ່ງນັ່ງ
椅子
ຄອມພິວເຕີ
電腦

ຈອກທີ່ນໃສ່ກາເຟ

咖啡杯

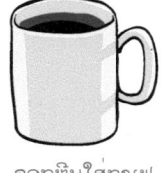

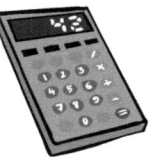

ເຄື່ອງຄິດເລກ

計算機

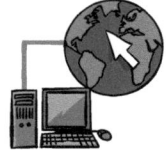

ອິນເຕີເນັດ

網際網路

ຄອມພິວເຕີແລັບທັອບ

筆記型電腦

ຈິດໝາຍ

信件

ຂໍ້ຄວາມ

簡訊

ໂທລະສັບມືຖື

行動電話

ເຄືອຂ່າຍ

網路

ເຄື່ອງຖ່າຍເອກະສານ

影印機

ຊອບແວ

軟體

ໂທລະສັບ

電話

ປັກໄຟ

插座

ເຄື່ອງແຟັກ

傳真機

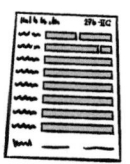

ແບບຟອມ

表格

ເອກະສານ

檔案

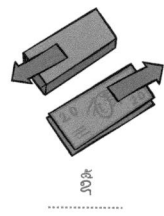

ຊື້

買

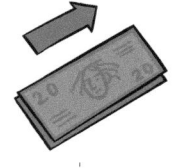

ຈ່າຍ

付錢

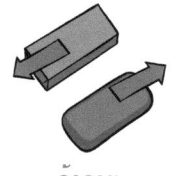

ຖ້າຂາຍ

交易

ເງິນ

現金

ເງິນດອນລາ

美元

ເງິນຢູໂຣ

歐元

ເງິນເຢນ

日元

ເງິນຣູເບິລ

盧布

ເງິນຝຣັງສະວິດ

瑞士法郎

ເງິນຢວນເຮັນພີມບີ້

人民幣

ເງິນຣູປີ

盧比

ເຄື່ອງສຳລັບກິດເງິນສົດຈາກທະນ
ຄານ

提款處

ບ່ອນແລກປ່ຽນເງິນຕາ

外幣兌換處

ທອງຄຳ

金

ເງິນ

銀

ນ້ຳມັນ

石油

ພະລັງງານ

能源

ລາຄາ

價格

ສັນຍາ

合約

ພາສີ

稅金

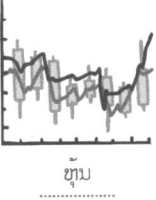

ຫຸ້ນ

股票

ເຮັດວຽກ

工作

ລູກຈ້າງ

職員

ນາຍຈ້າງ

老闆

ໂຮງງານ

工廠

ຮ້ານຄ້າ

商店

ອາຊີບ
職業

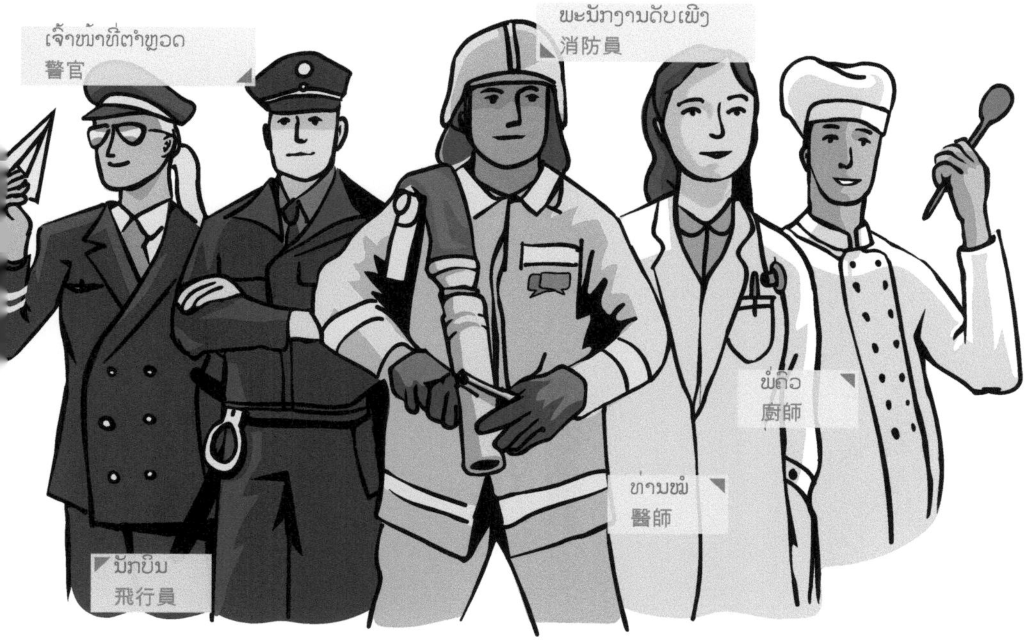
ເຈົ້າໜ້າທີ່ຕຳຫຼວດ
警官
ພະນັກງານດັບເພີງ
消防員
ພໍ່ຄົວ
廚師
ທ່ານໝໍ
醫師
ນັກບິນ
飛行員

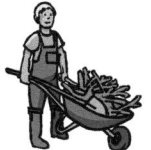

ຊາວສວນ

園丁

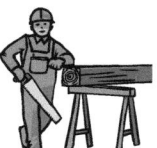

ຊ່າງໄມ້

木匠

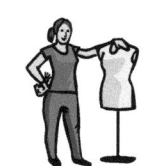

ຊ່າງຫຍິບຜ້າທີ່ເປັນຜູ້ຍິງ

裁縫

ຜູ້ພິພາກສາ

法官

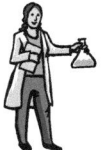

ນັກເຄມີ

化學家

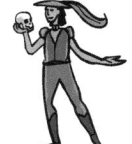

ນັກສະແດງຊາຍ

演員

ຄົນຂັບລົດເມປະຈຳທາງ

公車司機

ຄົນຂັບແທັກຊີ

計程車司機

ຊາວປະມົງ

漁夫

ແມ່ບ້ານທຳຄວາມສະອາດ

清洗女工

ຊ່າງມຸງຫຼັງຄາ

屋頂工

ຄົນເສີບຂາຍ

服務生

ນາຍພານ

獵人

ຊ່າງທາສີ

畫家

ຄົນເຮັດເຂົ້າໜົມປັງ

麵包師

ຊ່າງໄຟຟ້າ

電工

ຊ່າງກໍ່ສ້າງ

建築工人

ວິສະວິກອນ

工程師

ຄົນຂາຍຊິ້ນ

屠夫

ຊ່າງນ້ຳປະປາ

水管工

ບູລຸດໄປສະນີ

郵差

ທະຫານ

士兵

ສະຖາປະນິກ

建築師

ພະນັກງານເກັບເງິນ

收銀員

ຄົນຂາຍດອກໄມ້

花農

ຊ່າງແຕ່ງຜົມ

理髮師

ພະນັກງານກວດປີ້ລົດ

售票員

ຊ່າງສ້ອມລົດຍົນ

機械技師

ຜູ້ບັງຄັບການ

船長

ທັນຕະແພດ

牙醫

ນັກວິທະຍາສາດ

科學家

ພະໃນສາສະໜາຢິວ

拉比

ຜູ້ນຳຊາວມຸສລິມ

伊瑪目

ຄູບາ

和尚

ນັກບວດ

牧師

ເຄືອງມື

工具

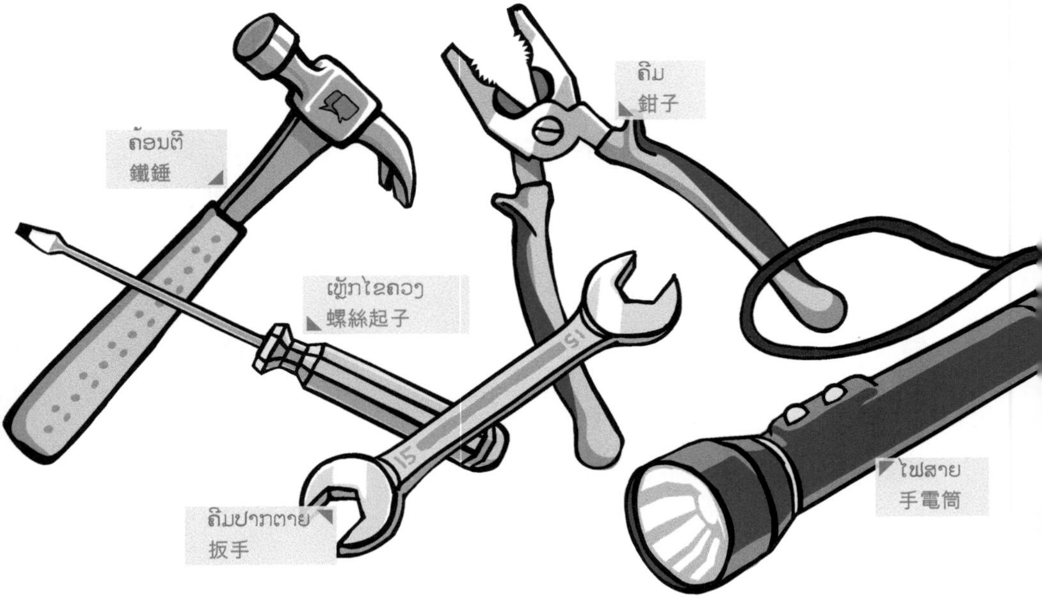
ຄ້ອນຕີ
鐵錘
ຄີມ
鉗子
ເຫຼັກໄຂຄວງ
螺絲起子
ຄີມປາກຕາຍ
扳手
ໄຟສາຍ
手電筒

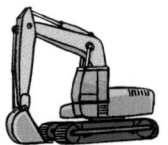

ເຄື່ອງຂຸດ

挖掘機

ກັບເຄື່ອງມື

工具箱

ຂັ້ນໄດ

梯子

ເລື່ອຍ

鋸子

ຕະປູ

釘子

ເຫຼັກຊີ

鑽機

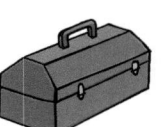

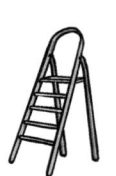

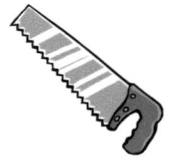

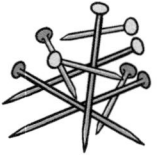

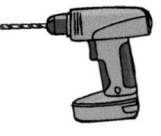

ສ້ອມແປງ

修

ຊ້ວາມ

鏟子

ຕາຍຫ່າ!

糟糕！

ຂອງຊ້ວາມຂີ້ເຫຍື້ອ

畚箕

ຖັງສີ

油漆桶

ຕະປູກຽວ

螺絲

ເຄື່ອງດົນຕີ
樂器

ລຳໂພງ
揚聲器

ກອງຊຸດ
打擊樂器

ພິຕ້າ
吉他

ດັບເບິລເບສ
低音提琴

ແກທອງເຜື່ອງ
小號

ເປຍໂນ

鋼琴

ໄວໂອລິນ

小提琴

ເບສ

貝斯

ກອງທິມປານີ

定音鼓

ກອງຊຸດ

鼓

ຄີບອດ

電子琴

ແຊັກໂຊໂຟນ

薩克斯風

ຂຸ່ຍ

長笛

ໄມໂຄຣໂຟນ

麥克風

ສວນສັດ
動物園

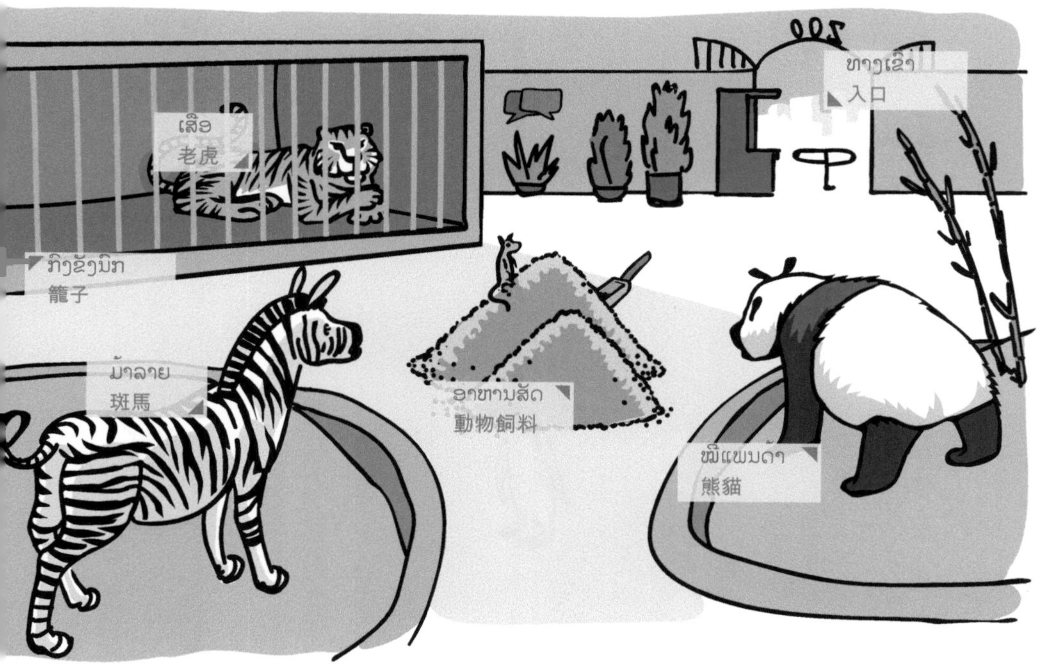

ເສືອ
老虎
ກົງຂັງນົກ
籠子
ທາງເຂົ້າ
入口
ມ້າລາຍ
斑馬
ອາຫານສັດ
動物飼料
ໝີແພນດ້າ
熊貓

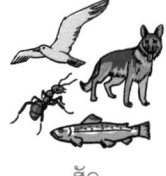

ສັດ

動物

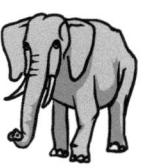

ຊ້າງ

大象

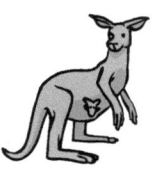

ກັງກາຣູ

袋鼠

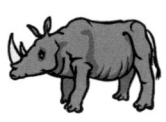

ແຮດ

犀牛

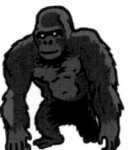

ລິງໂທນໃຫຍ່

大猩猩

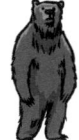

ໝີ

熊

ອູດ

駱駝

ນົກກະຈອກເທດ

鴕鳥

ສິງໂຕ

獅子

ລິງ

猴子

ນົກຟລາມິງໂກ

紅鶴

ນົກແກ້ວ

鸚鵡

ໝີຂົ້ວໂລກ

北極熊

ນົກເພັນກວິນ

企鵝

ປາສະຫຼາມ

鯊魚

ນົກຍູງ

孔雀

ງູ

蛇

ແຂ້

鱷魚

ຜູ້ເບິ່ງແຍງສວນສັດ

動物園管理員

ແມວນ້ຳ

海豹

ເສືອຈາກົວ

美洲豹

ມ້າພັນນ້ອຍ

矮種馬

ເສືອດາວ

豹

ຮິບໂປ

河馬

ໂຕຈິຣາຟ

長頸鹿

ຫຍ່ຽວ

老鷹

ຫມູປ່າຕົວຜູ້

野豬

ປາ

魚

ເຕົ່າ

龜

ຊ້າງນ້ຳ

海象

ຫມາຈອກ

狐狸

ກວາງນ້ອຍ

羚羊

ອາເມລິກັນຟຸດບອນ
橄欖球

ຂີ່ລົດຖີບ
騎腳踏車

ກິລາເທນນິສ
網球

ບັສເກັດບອລ
籃球

ກິລາລອຍນ້ຳ
游泳

ຂ້າມວຍ
拳擊

ກິລາຕີກ໌ເດີ່ນນ້ຳແຂງ
冰球

ກິລາເຕະບານ

美式足球

ກິລາຕິດອກປີກໄກ່

羽毛球

ກິລາປະເພດ ແລ່ນ
ເຕັ້ນແລະແກວ່ງ

田徑

ແຮມບອລ

手球

ກິລາສະກີ້

滑雪

ກິລາໂປໂລມ້າ

馬球

ຫົວ
笑

ໂດດ
跳

ກອດ
擁抱

ຍ່າງ
走路

ຮ້ອງເພງ
唱

ຝັນ
做夢

ໄຫວ້ພະ / ສວດມົນ
祈禱

ຈູບ
親吻

ຂຽນ
書寫

ແຕ້ມ
畫

ສະແດງ
展示

ຢູ້
推

ໃຫ້
給

ເອົາໄປ
拿

ມີ

有

ເຮັດ

做

ເປັນ

當

ຢືນ

站

ແລ່ນ

跑

ດຶງ

拉

ໂຍນ

丟

ລົ້ມ

摔倒

ນອນຢຽດ

躺

ລໍຖ້າ

等待

ຖື

攜帶

ນັ່ງ

坐

ແຕ່ງຕົວ

穿衣

ນອນຫຼັບ

睡覺

ຕື່ນນອນ

醒來

ເບິ່ງ

看

ຮ້ອງໄຫ້

哭

ລູບ

擊

ຫວີຜົມ

梳頭

ລົມ

交談

ເຂົ້າໃຈ

明白

ຖາມຖາມ

問

ຟັງ

聽

ດື່ມ

喝

ກິນ

吃

ຈັດໃຫ້ເປັນລະບຽບ

清理

ຮັກ

愛

ຖົ້ວກິນ

做飯

ຂັບລົດ

開車

ບິນ

飛

ແລ່ນເຮືອ

航行

ຄິດໄລ່

計算

ອ່ານ

讀

ຮຽນຮູ້

學習

ເຮັດວຽກ

工作

ແຕ່ງງານ

結婚

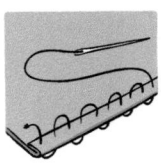

ຫຍິບ

縫

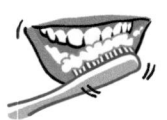

ແປງຟັນ

刷牙

ຂ້າ

殺

ສູບຢາ

抽菸

ສົ່ງ

寄

ຄອບຄົວ

家

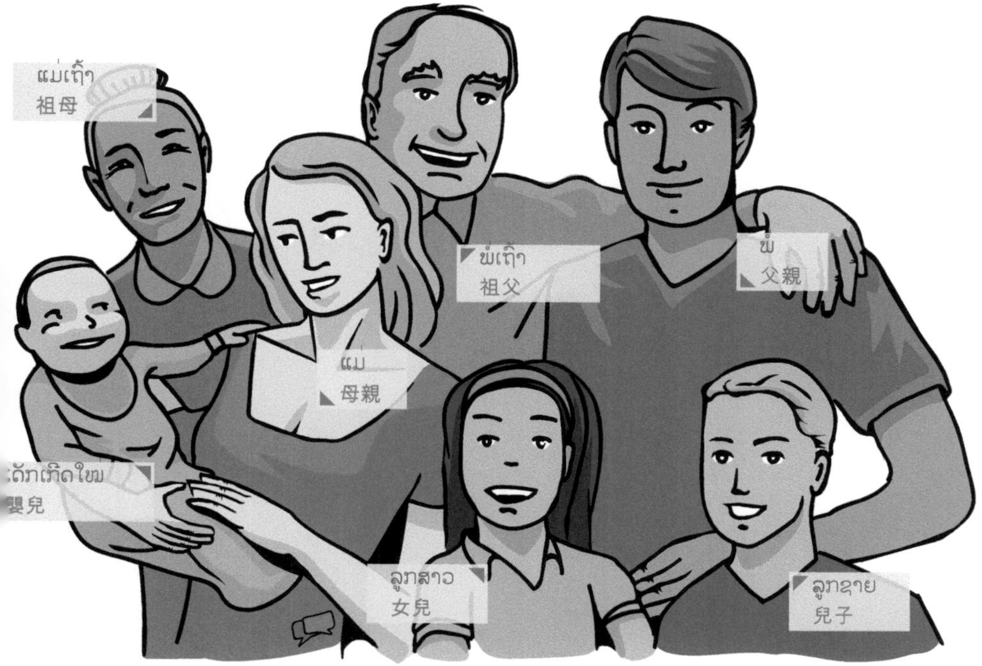

ແມ່ເຖົ້າ
祖母
ພໍ່ເຖົ້າ
祖父
ພໍ່
父親
ແມ່
母親
ເດັກເກີດໃໝ່
嬰兒
ລູກສາວ
女兒
ລູກຊາຍ
兒子

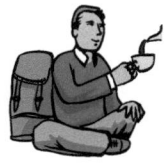

ແຂກ

客人

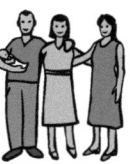

ປ້າ

阿姨

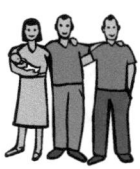

ລຸງ

叔叔

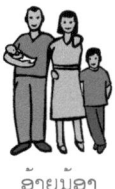

ອ້າຍນ້ອງ

兄弟

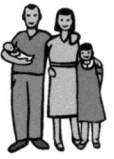

ເອື້ອຍນ້ອງ

姐妹

ຮາງກາຍ

身體

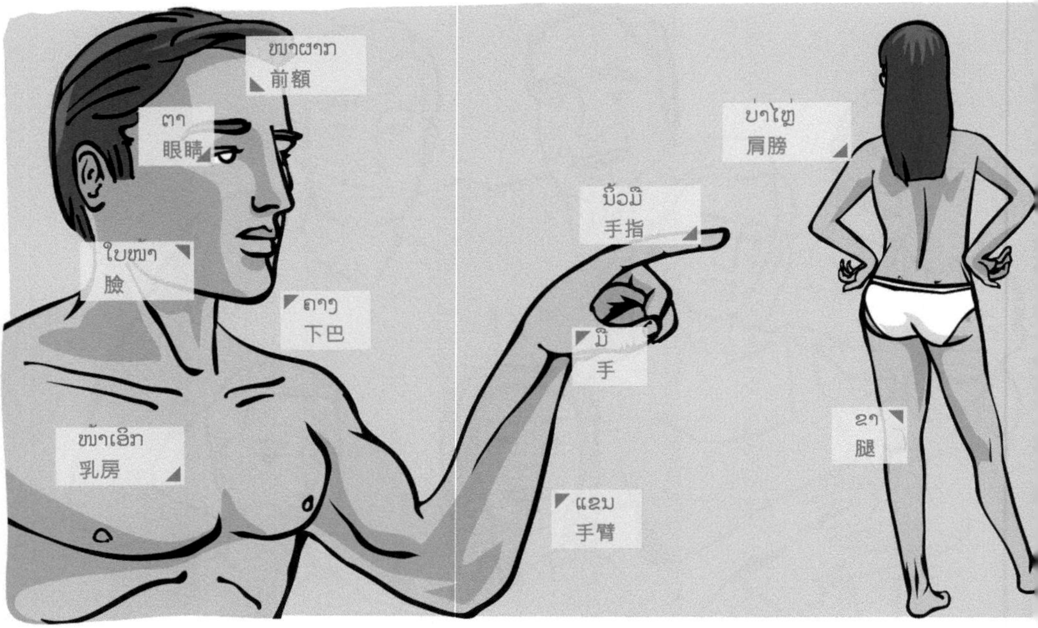

ໜາຜາກ
前額
ຕາ
眼睛
ໃບໜ້າ
臉
ຄາງ
下巴
ໜ້າເອິກ
乳房
ນິ້ວມື
手指
ມື
手
ແຂນ
手臂
ບ່າໄຫຼ່
肩膀
ຂາ
腿

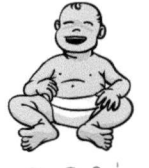

ເດັກເກີດໃໝ່

嬰兒

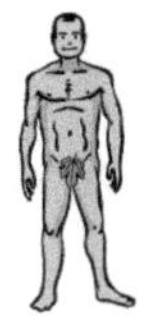

ຜູ້ຊາຍ

男人

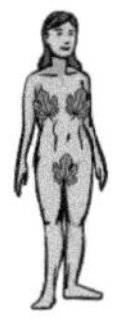

ຜູ້ຍິງ

女人

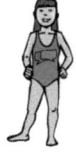

ເດັກຍິງ

女孩

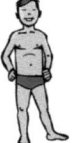

ເດັກຊາຍ

男孩

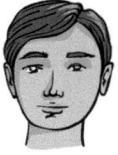

ຫົວ

頭

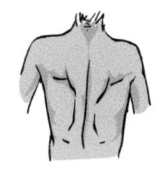

ຂ້າງ

背部

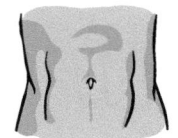

ທ້ອງ

肚子

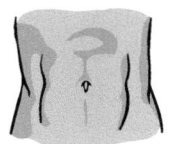

ສະບື

肚臍

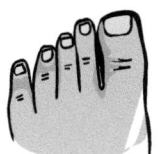

ນິ້ວຕິນ

腳趾

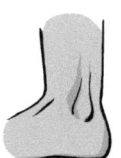

ສົ້ນຕິນ

腳後跟

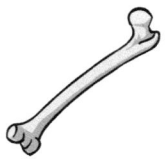

ກະດູກ

骨頭

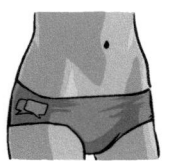

ກະໂພກ

臀部

ຫົວເຂົ່າ

膝蓋

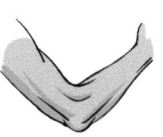

ແຂນສອກ

手肘

ດັງ

鼻子

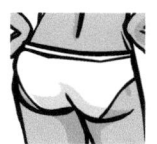

ກົ້ນ

屁股

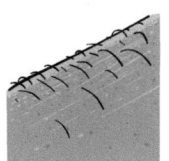

ຜິວໜັງ

皮膚

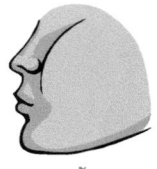

ແກ້ມ

臉頰

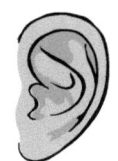

ຫູ

耳朵

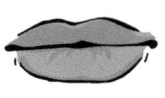

ຣິມສິບ

嘴唇

ປາກ

嘴

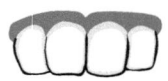

ແຂ້ວ

牙齒

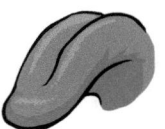

ລີ້ນ

舌頭

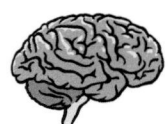

ສະໝອງ

腦

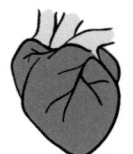

ຫົວໃຈ

心臟

ກ້າມເນື້ອ

肌肉

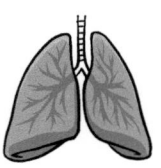

ປອດ

肺

ຕັບ

肝臟

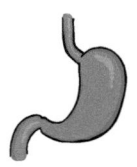

ກະເພາະ

胃

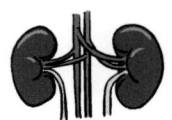

ໄຕ

腎臟

ເພດສຳພັນ

性交

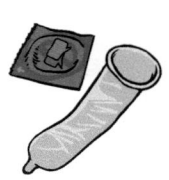

ຖົງຢາງອະນາໄມ

保險套

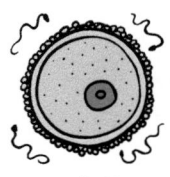

ເຊລລສືບພັນ

卵子

ນ້ຳອະສຸຈິ

精子

ການຖືພາ

懷孕

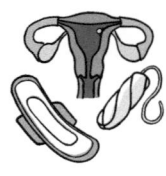

ປະຈຳເດືອນ

月事

ຊ່ອງຄອດ

陰道

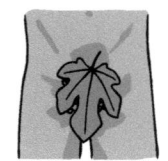

ອະໄວຍະວະເພດຊາຍ

陰莖

ຄິ້ວ

眉毛

ເສັ້ນຜົມ

頭髮

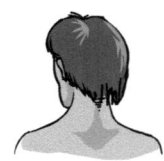

ຄໍ

脖子

ໂຮງໝໍ
醫院

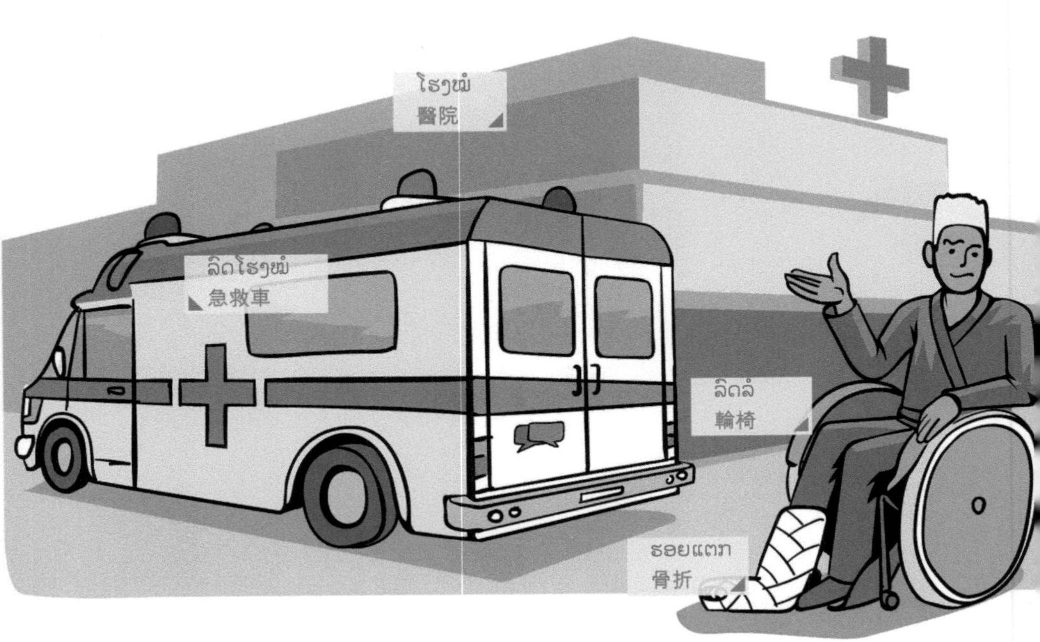

ໂຮງໝໍ
醫院
ລົດໂຮງໝໍ
急救車
ລົດລໍ
輪椅
ຮອຍແຕກ
骨折

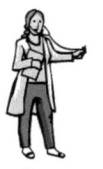

ທ່ານໝໍ
醫師

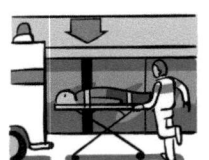

ຫ້ອງສຸກເສີນ
急診室

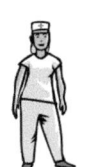

ພະຍາບານ
護理師

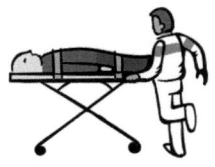

ສຸກເສີນ
緊急情形

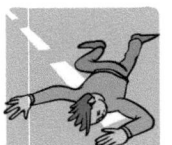

ໝົດສະຕິ
昏迷

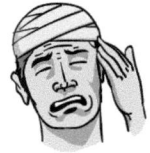

ອາການເຈັບປວດ
痛

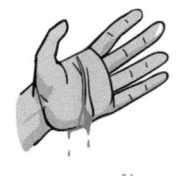

ການບາດເຈັບ

受傷

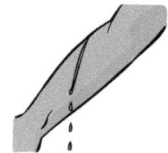

ເລືອດໄຫຼ

出血

ຫົວໃຈວາຍ

心臟病發作

ເສັ້ນເລືອດຢອດເລືອດໃນສະໝອງ

中風

ອາການແພ້

過敏

ໄອ

咳嗽

ໄຂ້

發燒

ໄຂ້ຫວັດ

流感

ຖອກທ້ອງ

腹瀉

ເຈັບຫົວ

頭痛

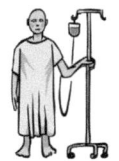

ໂຣກມະເລງ

癌症

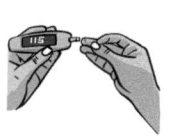

ພະຍາດເບົາຫວານ

糖尿病

ໝໍຜ່າຕັດ

外科醫師

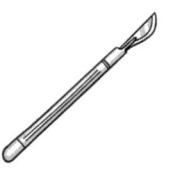

ມີດຜ່າຕັດ

手術刀

ການຜ່າຕັດ

手術

ເຄື່ອງເອັກຊເຣເຣຄອມພິວເຕີ

電腦斷層掃描

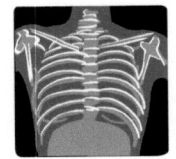

ເອັກຊ໌-ເຣ

X光

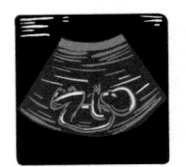

ອູລຕຣາຊາວ (ultrasound)

超音波

ໜ້າກາກອະນາໄມ

口罩

ພະຍາດ

疾病

ຫ້ອງລໍຖ້າ

候診室

ໄມ້ຄ້ຳຂີ້ແຮ້

拐杖

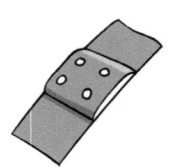

ຜ້າຍາງຕິດບາດ

石膏

ຜ້າພັນແຜ

繃帶

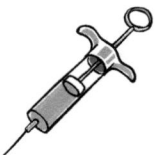

ສັກຢາ

注射

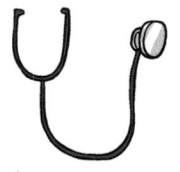

ເຄື່ອງຟັງປອດຫົວໃຈ

聽診器

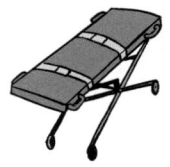

ເປຫາມຄົນເຈັບ

擔架

ບາຫຼອດວັດໄຂ້

體溫計

ການເກີດ

出生

ນ້ຳໜັກກາເກີນ

超重

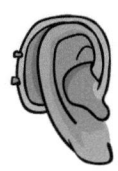

ເຄື່ອງຊ່ວຍຟັງ

助聽器

ນ້ຳຢາຂ້າເຊື້ອ

消毒液

ການຕິດເຊື້ອ

感染

ເຊື້ອໄວຣັສ

病毒

HIV / ເອດສ໌

愛滋病

ຢາ

藥物

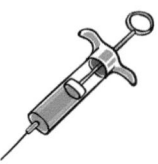

ການສັກວັກຊິນ

接種疫苗

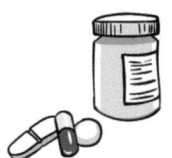

ຢາເມັດ

藥片

ຢາເມັດ

藥丸

ໂທຣອກສຸກເສີນ

急救電話

ເຄື່ອງວັດຄວາມດັນເລືອດ

血壓計

ໄຂ້ / ສຸຂະພາບດີ

生病/健康

ຊ່ວຍດ້ວຍ!

救命！

ສັນຍານເຕືອນໄພ

警報

ການທຳຮ້າຍຮ່າງກາຍ

突擊

ການໂຈມຕີ

攻擊

ອັນຕະລາຍ

危險

ທາງອອກສຸກເສີນ

緊急出口

ໄຟໄໝ້!

失火了！

ບັ້ງດັບເພີງ

滅火器

ອຸປະຕິເຫດ

意外

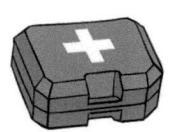

ຊຸດປະຖົມພະຍາບານຂັ້ນຕົ້ນ

急救箱

ສັນຍານຂໍຄວາມຊ່ວຍເຫຼືອ

呼救訊號

ຕຳຫຼວດ

員警

ເອຣິບ

歐洲

ອາເມລິກາເໜືອ

北美洲

ອາເມລິກາໃຕ້

南美洲

ອາຟຣິກາ

非洲

ເອເຊຍ

亞洲

ອອສເຕຣເລຍ

澳洲

ແອດແລນຕິກ

大西洋

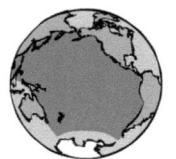

ປາຊີຟິກ

太平洋

ມະຫາສະໝຸດອິນເດຍ

印度洋

ມະຫາສະໝຸດແອນຕາຣຕິກ

南冰洋

ມະຫາສະໝຸດອາກຕິກ

北冰洋

ຂົ້ວໂລກເໜືອ

北極

ຂົ້ວໂລກໃຕ້

南極

ແອນຕາກຕິກາ

南極洲

ໂລກ

地球

ດິນ

陸地

ທະເລ

海

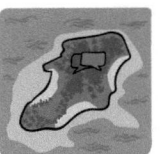

ເກາະ

島

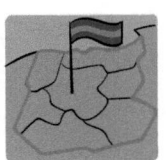

ຊາດ / ປະເທດຊາດ

國家

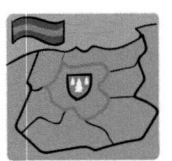

ລັດ

州

ໜ້າປັດໂມງ

錶盤

ເຂັມໂມງ

時針

ເຂັມນາທີ

分針

ເຂັມວິນາທີ

秒針

ຈັກໂມງແລ້ວ?

現在幾點？

ວັນ

天

ເວລາ

時間

ຕອນນີ້

現在

ໂມງດິຈິຕອລ

電子錶

ນາທີ

分

ຊົ່ວໂມງ

時

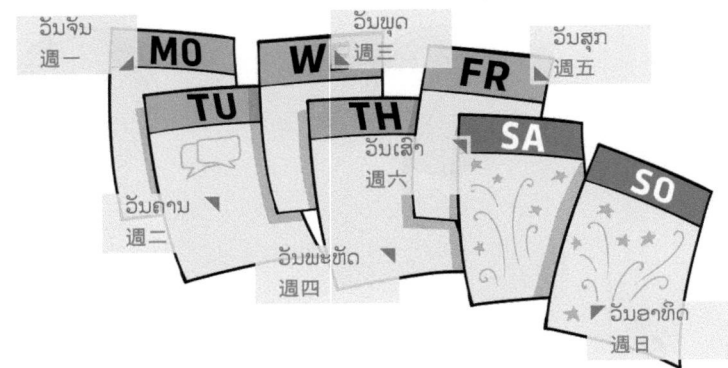

ວັນຈັນ
週一

ວັນພຸດ
週三

ວັນສຸກ
週五

ວັນຄານ
週二

ວັນເສົາ
週六

ວັນພະຫັດ
週四

ວັນອາທິດ
週日

ມື້ວານນີ້

昨天

ມື້ນີ້

今天

ມື້ອື່ນ

明天

ຕອນເຊົ້າ

早晨

ຕອນທ່ຽງ

中午

ຕອນແລງ

晚上

ວັນເຮັດວຽກ

工作日

ທ້າຍສັບປະດາ

週末

ປີ
年

ຝົນຕົກ
雨
ຮຸ້ງກິນນໍ້າ
彩虹
ລົມ
風
ຫິມະ
雪
ລະດູໃບໄມ້ປົ່ງ
春
ລະດູຮ້ອນ
夏
ລະດູໃບໄມ້ຫຼົ່ນ
秋
ລະດູໜາວ
冬

4.APRIL 11°
5.APRIL 4°
6.APRIL 13°
7.APRIL 8°
8.APRIL 10°

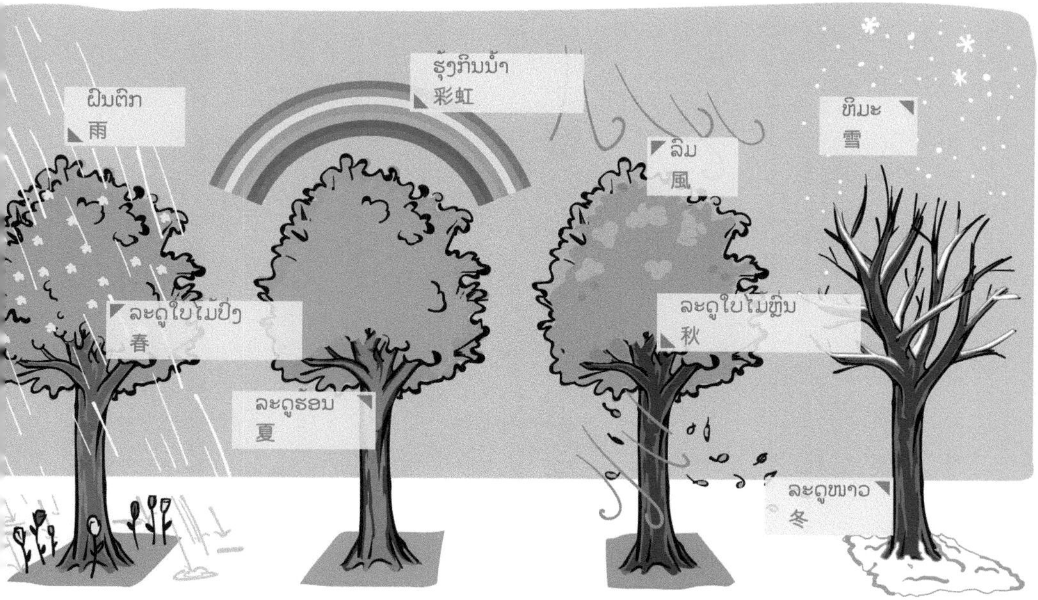

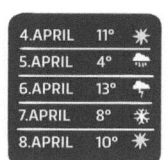

ການພະຍາກອນອາກາດ

天氣預告

F C
120 40
90 30
60 20
30 10
0 0
-30 -10
-20

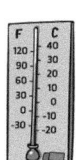

ເຄື່ອງວັດອຸນຫະພູມ

溫度計

ແສງແດດ

陽光

ຂີ້ເຝື້ອ

雲

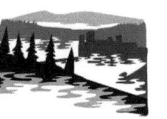

ໝອກ

霧

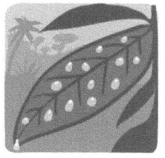

ຄວາມຊຸ່ມ

潮濕

ສາຍຟ້າແມບ
....
閃電

ຟ້າຮ້ອງ
....
打雷

ພະຍຸ
....
風暴

ໝາກເຫັບ
....
冰雹

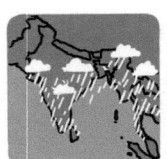

ລົມມໍລະສຸມ
....
季風

ນ້ຳຖ້ວມ
....
洪水

ນ້ຳກ້ອນ
....
冰

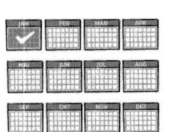

ມັງກອນ
....
一月

ກຸມພາ
....
二月

ມີນາ
....
三月

ເມສາ
....
四月

ພຶດສະພາ
....
五月

ມິຖຸນາ
....
六月

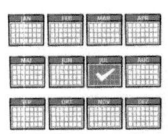

ກໍລະກິດ
....
七月

ສິງຫາ
....
八月

ກັນຍາ

九月

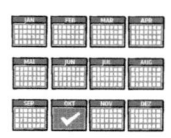

ຕຸລາ

十月

ພະຈິກ

十一月

ທັນວາ

十二月

ຮູບຮ່າງ
形狀

ວົງມົນ

圓形

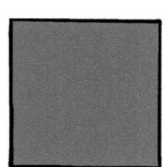

ສີ່ຫຼ່ຽມ

正方形

ຮູບສີ່ຫຼ່ຽມມຸມສາກ

長方形

ສາມຫຼ່ຽມ

三角形

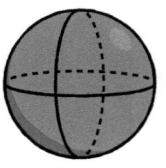

ໝ່ວຍກົມ

球體

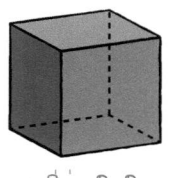

ຮູບສີ່ຫຼ່ຽມມິນທິນ

立方體

ສີຂາວ

白

ສີເຫຼືອງ

黄

ສີສົ້ມ

橙

ສີບົວ

粉

ສີແດງ

紅

ສີມ່ວງ

紫

ສີຟ້າ

藍

ສີຂຽວ

綠

ສີນ້ຳຕານ

棕

ສີເທົາ

灰

ສີດຳ

黑

ຫຼາຍ / ນ້ອຍ

很多/少許

ໃຈຮ້າຍ / ໃຈເຢັນ

生氣/平靜

ງາມ / ຂີ້ຮ້າຍ

美/醜

ການເລີ່ມຕົ້ນ / ການສິ້ນສຸດ

首/尾

ໃຫຍ່ / ນ້ອຍ

大/小

ແຈ້ງ / ມິດ

明/暗

ນ້ອງຊາຍຫຼືອ້າຍ /
ນ້ອງສາວຫຼືເອື້ອຍ

兄弟/姐妹

ສະອາດ / ເປື້ອນ

乾淨/骯髒

ສຳເລັດ / ບໍ່ສຳເລັດ

完整/缺失

ກາງວັນ / ກາງຄືນ

白天/晚上

ຕາຍ / ມີຊີວິດ

死/生

ກວ້າງ / ແຄບ

寬/窄

ກິນໄດ້ / ກິນບໍ່ໄດ້

可食用/非食用

ຊົ່ວຮ້າຍ / ໃຈດີ

邪惡/善良

ໜ້າຕື່ມເຕັ້ນ / ໜ້າເບື່ອ

興奮/無聊

ອ້ວນ / ຈ່ອຍ

胖/瘦

ທຳອິດ / ສຸດທ້າຍ

第一/最後

ເພື່ອນ / ສັດຕູ

朋友/敵人

ເຕັມ / ວ່າງເປົ່າ

滿/空

ແຂງ / ນຸ່ມ

硬/軟

ໜັກ / ເບົາ

重/輕

ຄວາມຫິວ / ຄວາມຫິວນ້ຳ

餓/渴

ໄຂ້ / ສຸຂະພາບດີ

生病/健康

ຜິດກົດໝາຍ / ຖືກກົດໝາຍ

非法/合法

ສະຫຼາດ / ໂງ່

聰明/愚笨

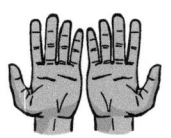

ຊ້າຍ / ຂວາ

左/右

ໃກ້ / ໄກ

近/遠

ໃໝ່ / ໃຊ້ແລ້ວ

新/舊

ບໍ່ມີຫຍັງ / ບາງສ່ຽງບາງຢ່າງ

沒有/有些

ແກ່ / ໜຸ່ມ

老/幼

ເປີດ / ປິດ

開/關

ເປີດ / ປິດ

打開/闔上

ງຽບ / ດັງ

安靜/吵鬧

ຮັ່ງມີ / ຍາກຈົນ

富/窮

ຖືກ / ຜິດ

對/錯

ບໍ່ລຽບ / ລຽບ

粗糙/光滑

ໂສກເສົ້າ / ດີໃຈ

傷心/高興

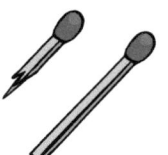

ສັ້ນ / ຍາວ

短/長

ຊ້າ / ໄວ

慢/快

ປຽກ / ແຫ້ງ

濕/乾

ອົບອຸ່ນ / ໜາວເຢັນ

溫暖/涼爽

ສົງຄາມ / ສັນຕິພາບ

戰爭/和平

0

ສູນ

零

1

ໜຶ່ງ

一

2

ສອງ

二

3

ສາມ

三

4

ສີ່

四

5

ຫ້າ

五

6

ຫົກ

六

7

ເຈັດ

七

8

ແປດ

八

9

ເກົ້າ

九

10

ສິບ

十

11

ສິບເອັດ

十一

12
ສິບສອງ
十二

13
ສິບສາມ
十三

14
ສິບສີ່
十四

15
ສິບຫ້າ
十五

16
ສິບຫົກ
十六

17
ສິບເຈັດ
十七

18
ສິບແປດ
十八

19
ສິບເກົ້າ
十九

20
ຊາວ
二十

100
ໜຶ່ງຮ້ອຍ
百

1.000
ໜຶ່ງພັນ
千

1.000.000
ໜຶ່ງລ້ານ
百萬

ພາສາອັງກິດ

英語

ພາສາອັງກິດແບບອາເມລິກັນ

美式英語

ພາສາຈິນແມນດາຣິນ

普通話

ພາສາຮິນດິ

印地語

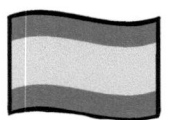

ພາສາສະເປນ

西班牙語

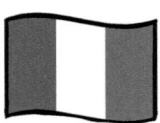

ພາສາຝຣັ່ງເສດ

法語

ພາສາອາຣັບ

阿拉伯語

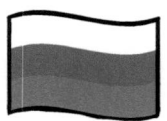

ພາສາຣັດເຊຍ

俄語

ພາສາປ໋ອກຕຸຍການ

葡萄牙語

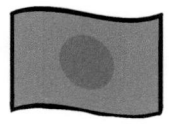

ພາສາແບງກາອລ

孟加拉語

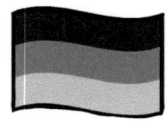

ພາສາເຍຍລະມັນ

德語

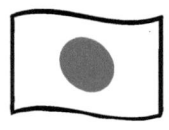

ພາສາຍີ່ປຸ່ນ

日語

ຂ້ອຍ

我

ເຈົ້າ

你

ລາວ (ຜູ້ຊາຍ) / ລາວ (ຜູ້ຍິງ) / ມັນ

他/她/它

ພວກເຮົາ

我們

ພວກເຈົ້າ

你們

ພວກເຮົາ

他們

ໃຜ?

誰？

ແມ່ນຫຍັງ?

什麼？

ແນວໃດ?

如何？

ຢູ່ໃສ?

何處？

ເມື່ອໃດ?

何時？

ຊື່

名字

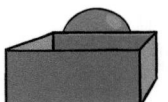

ຢູ່ທາງຫັຼງ

後面

ໃນ

裡面

ຢູ່ທາງໜ້າ

前面

ເໜືອກວ່າ

上方

ຢູ່ເທິງ

上面

ຢູ່ກ້ອງ

下麵

ທາງຂ້າງ

旁邊

ຢູ່ລະຫວ່າງ

中間

ສະຖານທີ່

地點